讀品文化

氣場力量

Fortune Comes from
Your Inner Power
有生命就有氣場
氣場是由自身能量構成的能量場

U0078978

其實 **好運** 都來自於你的

# 氣場力量.

找到方法，路就會變短。

只要掌握了他人氣場能量的弱點，
我們就可以將其加以利用！

連明龍 編著

漫漫人生路，我們難免會在人際場上遇到各式各樣的困難和危險。

**這一切的根源，大多是人們彼此不和諧的氣場。**

如何巧妙運用自身的力量，發揮氣場的玄妙作用

進而在羈絆背後找到出路，是一門學問。

社會中生存的一門必修課。

Fortune Comes from
Your Inner Power

找到方法，路就會變短

競爭力系列：40

# 其實好運都來自於你的氣場力量

編　　著　連明龍
出 版 者　讀品文化事業有限公司
執行編輯　廖美秀
美術編輯　林于婷
社　　址　22103 新北市汐止區大同路三段 194 號 9 樓之 1
TEL／(02)86473663
FAX／(02)86473660
總 經 銷　永續圖書有限公司
劃撥帳號　18669219
地　　址　22103 新北市汐止區大同路三段 194 號 9 樓之 1
TEL／(02)86473663
FAX／(02)86473660
E-mail　yungjiuh@ms45.hinet.net
網　　址　www.foreverbooks.com.tw
法律顧問　中天國際法律事務所　涂成樞律師、周金成律師
CVS代理　美璟文化有限公司
TEL／(02)27239968
FAX／(02)27239668

出 版 日　2012年04月
Printed Taiwan, 2012 All Rights Reserved

本書經由北京華夏墨香文化傳媒有限公司正式授權，同意由讀品文化事業有限公司在港、澳、臺地區出版中文繁體字版本。非經書面同意，不得以任何形式任意重制、轉載。

國家圖書館出版品預行編目資料

其實好運都來自於你的氣場力量 /連明龍編著.
-- 初版. -- 新北市 : 讀品文化, 民101.04
面；　公分. -- (競爭力系列 ; 40)
ISBN 978-986-6070-32-7(平裝)
1.應用心理學 2.人際關係 3.能量

177　　101002047

# 第一章　釋放迷霧誘使他人判斷失誤

# 第二章　在不和諧的氣場中化險為夷

# 第三章　綻放氣場的魅力，打造最強團隊

☆一呼百應的秘密——感召力　70
感召力是一種特殊的氣場操縱力，可以幫助你在團隊裡吸引並影響他人。
★狼性的領導與銳意進取的團隊　73
有狼性的領導，就會有銳意進取的團隊。
☆讓每個人都感到自己是團隊的一分子　76
多聽聽團隊成員的意見，會讓成員覺得自己是團隊的一分子。
★樹立共同目標，構建同質氣場　80
團隊以外的朋友之間並不一定需要共同目標，氣場衝突就可能會加深彼此之間感情。
☆適時講故事可以改善會議中的沉悶氣氛　84
我們可以透過改變團隊氣場所處環境來改變團隊氣場的狀態。在很多時候，名人故事是非常好的選擇。

# 第四章　吸引力讓愛情地老天荒

# 第五章　喚醒潛藏在大腦深處的財富能量場

## 第六章　掌控決定你一生成敗的靈魂氣場

# 第七章　八步晉級氣場操縱的至高境界

# 第一章

## 釋放迷霧
### 誘使他人判斷失誤

你想要欺騙一個人的時候，
你需要捫心自問，是否可以欺騙過對方的氣場。

如果你無法欺騙過對方的氣場，那麼你的欺騙就沒有太多的意義可言。
要知道，人的氣場能量在產生之後就會形成一定的惰性，
也就是說，會堅持以前的資訊以及相應的反應。

只有做出一些出人意料的表現，
騙過對方的氣場，我們讓謊言才會取得不錯的效果。

# 由外表入手製造令人陌生的氣場

毛豆在電影放映廳前焦急的看著錶，他在等樂樂。經過堅持不懈的努力，毛豆終於約到樂樂和自己一起看電影。他異常珍惜這個機會，以致有些神經兮兮。

忽然，一個人在他的肩膀上拍了一下。毛豆回過頭，原來是樂樂。

與往常的職業裝扮不同，樂樂今天穿著一件白色長裙。樂樂對有些發愣的毛豆說：「你在看什麼啊，我從那邊走過來你都沒有看見我。」樂樂邊說邊指著電影院的入口，接著又說：「你是不是在看其他的美女啊？」

毛豆窘迫的站在那裡，不知道該說什麼好。

毛豆一邊小心翼翼的看電影，一邊思考自己爲什麼沒有看見樂樂，心裡倍感煎熬，不過他依舊沒有理出什麼頭緒。

第二天，毛豆帶著這個問題請教邁克爾。

毛豆開門見山的問：「邁克爾，您說這是怎麼一回事啊？我明明非常想見樂樂的，可是爲什麼會對樂樂視而不見呢？」

邁克爾回答說：「其實，問題並不在你，而是在於她。」

毛豆頗感驚訝：「什麼？」

邁克爾又說：「是的，因爲她的外部氣場能量發生變化了，所以你的氣場能量在識別她的時候出現了問題。」

毛豆遇到的問題，在生活中我們也經常會遇到。在與他人接觸的過程中，我們的氣場獲取的資訊要比我們真正掌握的資訊多得多。也就是說，有一部分資訊雖然我們的氣場已經掌握，但我們的大腦並不知道。這些資訊會在我們做出一些決定時，以一種突然出現的方式提供一些支援性的意見。比如說你和朋友一起去買衣服，你會覺察出一些衣服適合朋友，另一些衣服不適合朋友。這雖然是我們的主觀判斷，但卻是依據我們對朋友的瞭解得來的。我們的氣場會爲我們收集到大量的資訊，大腦卻無法承擔如此眾多的資訊，於是其中一些資訊就會儲存在我們的氣場中。這些氣場能量資訊的不斷交流融通，會幫助我們構建關於他人的資訊庫，也就是我們對於他人的直覺。當你對朋友說「我覺得你適合」或者「我覺得你不適合」，實際上就是氣場能量長期會聚資訊的結果。

這種氣場能量會聚出的資訊可能是正確的，也可能是不正確的，但這並不會有太多的影響，因爲對於他人的更多的判斷最終是由我們的大腦決定的。然而，這些氣場能量資訊並不是無意義的，它會形成一種慣性認識。在大街上，我們經常會覺得一個陌生人像我們的朋友，這就是氣場能量的慣性在起作用。當這個陌生人的氣場能量與某位朋友的氣場能量資訊相匹配時，氣場能量就會將兩個人當成一個人。同樣的道理，當自身氣場識別他人氣場的能量資訊與朋友的氣場能量不同時，我們就很難運用氣場能量識別他人。

毛豆沒有識別出樂樂就是因爲毛豆的眼睛時不時的在注意自己的手錶，同時精神有些緊張。更重要的一點是樂樂換了衣服，與毛豆所認識的樂樂的氣場能量不同，毛豆就很難透過氣場能量識別出樂樂了。

【毛豆筆記】

我們可以透過改變外在裝扮來改變外部的氣場能量，以此來改變他人對我們的看法。因為他人的氣場能量一旦識別出是陌生人的氣場能量，就想要更加詳細的探查一番了。

眼睛會騙人，氣場能量也會騙人。

# 忽遠忽近，讓他人拿捏不定

毛豆升職了，帶領一個五人小組，主要負責李恩威從傑克手裡搶下的新產品的行銷。不過，毛豆手底下的這四個人都是比毛豆更早進公司的老員工，業績一向平平。李恩威也是「矮子裡面選大將軍」，才讓毛豆成了這五個人的頭兒。

不到幾天，毛豆就叫苦連天。這四個手下都算得上是「老油條」了，無論毛豆運用什麼手段，這四個人都來者不拒，認打認罰，就是很少行動。毛豆只得每每親力親爲，每天忙得焦頭爛額，這四個「手下」成了「大爺」。

看著早出晚歸的毛豆，邁克爾建議說：「你應該好好管理他們了。」

毛豆頗爲無奈的說道：「可是他們不聽我的。我一直在想，如果他們像怕李恩威那樣怕我，就不會這麼懶散了。」

邁克爾想起自己最近看過的一段故事，就把書拿出來讓毛豆讀一下。

戰國時期，宋康王異常暴虐。凡群臣中有來勸諫的，都被他找理由撤職或者關押起來，臣下也因此對他更加反感，經常非議他。宋康王十分苦惱的對宰相唐鞅說：「我處罰的人已經不少了，爲什麼他們還是不畏懼我呢？」唐鞅於是獻計說：「您所處罰的，都是一些犯了法的人。懲罰他們，沒有犯法的好人當然不會害怕。如果您要讓您的臣子們害怕，就必須不區分好人壞人，也不管他犯法還是沒有犯法，隨便抓住就治罪。這樣，大臣們就知道害怕了。」

看完了這段故事，毛豆若有所思的說：「如果想讓別人怕我，我就要讓別人抓不住我的脾氣啊！」

唐鞅的建議不單單只適合那些想要他人怕自己的上司，這條建議幾乎適合所有的上司。作爲一個上司，一定要做到忽遠忽近，讓自己的下屬無法瞭解自身的真實想法。只有這樣，下屬才會對自己服服貼貼，不敢不服從自己的命令。也就是說，身爲上司，一定要擁有不斷變化的氣場能量。因爲一旦下屬瞭解熟悉了上級的氣場能量，就很容易找出上級氣場的弱點，進而操控上級。以宋康王的臣子爲例，宋康王的臣子非常熟悉宋康王的氣場，能夠判斷宋康王究竟會有什麼樣的氣場變化，這樣宋康王的臣子自然不會畏懼宋康王了。因為只要不激怒宋康王憤怒的氣場能量，宋康王就不會懲罰他們。唐鞅的建議則是令下屬找不到宋康王氣場能量的爆發點，也就沒有辦法猜測出宋康王氣場能量的特點，便於宋康王的管理。

唐鞅的方法只能作為毛豆解決問題的一個思路，因為毛豆不可能具有宋康王那樣的氣場。於是，邁克爾幫毛豆制訂了一個方案。

首先，在召開部門會議時，毛豆要嚴厲的批評自己的這四個手下，把他們所有的缺點都指出來，還要將這些問題提高一個層次；然後，在快要下班的時候，毛豆要安慰這幾個人道：「最近大家都很辛苦，今天就都不要加班了。咱們部門剛剛成立，一起出去吃個便飯吧！」在席間，一定要將幾個人有多高就捧多高。最後，第二天上班時，無論這四個人中誰犯了什麼錯，毛豆都要在四個人面前痛批犯錯的人一頓。

如此反覆幾次，這四個手下一定摸不到毛豆的脾氣，之後他們就會盡可能的遵循毛豆的規則來辦事，以免被罰。

這個方法並不僅僅適用於上級與下屬之間，在生活中我們也可以運用這些方法，故意變換自己的看法和決定，讓他人無法判斷我們的氣場能量變化，也就無法預知我們的下一步計畫了。

【毛豆筆記】

只要我們掌握了他人氣場能量的弱點，我們就可以將其加以利用。這一點同樣適用於其他人，所以在氣場交鋒過程中，我們一定要避免自身氣場弱點被他人偵察到，可以在一段時間內讓自己的氣場能量發生變化，以免對方抓住我們的氣場弱點，猜到我們的想法和決定。

在運用這一方法的過程中，我們還需要注意保持氣場能量運用的穩定。

# 突然沉默是最好的進攻利器

在房東眼中，毛豆是一位很不錯的房客。他按時交房租，從不拖欠，不會抱怨這抱怨那，也不會給房東找麻煩。在路上遇到的時候，毛豆總會主動和房東打招呼。但即使如此，隨著物價上漲，房東還是決定要給毛豆漲房租。

房東見到毛豆以後，先是訴苦，說最近物價漲得太快，自己這個「地主家也沒有餘糧」；然後，又講了一些向市場看齊等一套理論；最後，提出漲百分之十的房價。

毛豆只是靜靜的聽著房東的話，沒有做出任何表態。既沒有說同意，也沒有說不同意。

房東還是很想留住這麼好的一個房客，於是又說：「那你看漲怎麼樣？」

毛豆依舊一言不發，只是看著房東。房東心裡有些害怕，畢竟以毛豆現在支付的房租在別的地方找一處不錯的房子也很容易，自己漲房租是不是會把毛豆嚇走。

房東只好給自己找了個臺階，說：「其實，我想，你都住了這麼久，那麼一點房租好商量，咱們以後再說吧！」

毛豆說：「好吧！」

等房東走了以後，毛豆回到屋中繼續看《福爾摩斯探案集》，腦袋裡還在想著嫌疑人究竟是怎麼做到的。

在邁克爾看來，毛豆能夠回絕房東的要求是在無意間運用了沉默的戰術。這種戰術的好處在於我們可以有效的抑制自身氣場能量的活動，讓對方無法瞭解我們的氣場變化，因而無法瞭解我們的真實想法。這一戰術在生活中實際上較爲常見，當你來到一家商店想要購買某件產品時，店主會向你介紹關於這種產品的各種好處，他的看法會隨著你的評價而不斷變化，來配合你的需求。當你想要購買某個產品並且希望店主降價時，店主就會一次又一次的與你還價。這時，如果你什麼也不說，店主一般會問：「你的最低價格是多少？」你提出一個自己覺得較爲合適的價格後，店主一般都會在一段比如「你再加一點兒」等的話之後高興把貨賣給你。如果你選擇沉默，店主就只得到你想買的資訊，而關於你的心理價位一無所知，他就只能透過一次又一次的降價來爭取你的同意。如果你再輔之以故意離開，那麼你買到的價格一定會比你和店主還價時的價格要低。

當你沉默時，你氣場能量的變化就很難被他人探測到，他人也就很難根據氣場變化來瞭解你的真實想法，無法掌握你的氣場能量，他人就很難在氣場交鋒中取得上風，這樣你至少也會取得一個平局的結果。人們常說「進攻是最好的防禦」，在氣場交鋒中，「防禦有時就是最好的進攻」。當對方想要在氣場交鋒中獲得勝利時，你只要有效的防禦住對方的進攻，不讓對方在你的氣場中找到弱點，就可以繼續防禦，等到對方筋疲力盡時主動出擊，一舉獲勝。而最有效果也是最容易採取的方式，就是沉默。

需要注意的是，只有當你不是想從氣場交鋒中獲取利益的一方時，你的沉默才會對你贏得氣場交鋒有所幫助。如果你是房東或者店主這樣的身份，那麼氣場進攻始終是首要的選擇，沉默只會讓你失去自己想要的利益。

【毛豆筆記】

氣場交鋒中，沉默是一種很好的進攻武器，但沉默是被動的，而非主動的。也就是說，只有在對方運用氣場能量進攻你時，你的沉默才會起到反擊對方氣場能量的作用。同時，你必須要注意抓住沉默的時機，一個好的時機會讓你事半功倍。

此時無聲勝有聲，適時沉默是擊退他人語言進攻的有效途徑。

# 用二選一式提問牽制對方

有一位心理學家做過這樣的一個實驗：將一張圖片放在受試者的面前，讓受試者詳細地記錄圖片上的細節。圖片上顯示的是火車站旁一個人搶了另一個人的行李逃跑，火車站時鐘上顯示的時間是下午三點。當心理學家詢問受試者「發生事件時是幾點鐘」時，多數人都做了正確的回答；當心理學家詢問受試者「發生事件時是三點還是四點」時，回答正確的人減少；當心理學家詢問受試者「發生事件時是四點還是五點」時，只有少數人可以跳出心理學家的圈套答出正確的答案。

心理學家的實驗證明，在回答他人的問題時，我們很難跳出他人在提問中提供的答案來回答問題，這與我們的氣場運動方式有一定關係。回答問題的一方氣場能量會弱於提問的一方，而且回答一方的氣場能量還會順著提問一方氣場能量的變化而變化。也就是說，在提問過程中，提問一方的氣場能量已經侵入了回答一方的氣場之中，並且可以在某種程度上操縱回答一方氣場能量的運動，而回答一方很難抗拒提問一方。所以，當我們向對方提出二選一式的問題時，對方大多會在這兩個答案中選擇一個，即使他本身並不認爲這兩個答案是正確的。

邁克爾也曾用另外一種方式向毛豆講述過這個道理。

邁克爾對毛豆說：「接下來我將問你幾個問題，你不要思考，一定要第一時間在我提供的兩個答案中選擇答出你更喜歡的一個。」

毛豆雖不知道邁克爾要做什麼，但還是點頭表示願意配合。

「金子還是銀子？」

「金子。」

「法拉利還是保時捷？」

「保時捷。」

「古莉莉還是李恩威？」

「古莉莉。」脫口而出之後的毛豆馬上感覺很詫異，自己居然會更喜歡一直欺負自己的古莉莉。

邁克爾說：「你沒有必要詫異，你選誰都是很正常的。因爲無論是『古莉莉』還是『李恩威』都是錯誤的選項。但你在回答我的提問的時候，氣場能量就會順從我的指揮不去考慮其他選項，這才是我想告訴你的。」

就像前面提到的心理學家的誤導，無論是參與實驗者猜的是四點還是五點，心理學家都達到了自己的目的，成功的限制了參與實驗者的氣場能量運動。在生活中，我們也聽到過這樣的故事：兩家麵食店開在同一條街上，兩家店無論是裝飾風格、廚師手藝，甚至每天來的客人的多少都差不多，但其中一家店的利潤就是比另一家店要高。原因很簡單，效益好的一家店總是問顧客，「您是要拼盤小菜還是要小碟牛肉？」效益不好的一家只是問顧客；「您還要點什麼嗎？」

在設計提問的過程中需要注意，你並不能確定對方最終會選擇哪個答案，你只能限制對方氣場能量的變化，所以，你需要把對方限制在自己想要的兩個答案之中，這樣無論對方選擇哪一個答案都是你所需要的。比如，你想找對方借錢，無論是借到一千還是一萬都是你可以接受的結果，那麼你的問題就應該是「你願意借我一千還是一萬」而不應該是「你願意借我錢嗎」。也就是說，在對方運用氣場能量時，只要不衝破我們為其設置的限制，結果都在我們能夠接受的範圍之內，否則就沒有任何意義。

**【毛豆筆記】**

提出問題時，我們的氣場能量會比較強大，並且可以將對方的能量運動限制在一定範圍之內。不過你一定要注意，如果你所提問的問題會讓對方氣場察覺出風險，那麼他的氣場就有可能爆發性地增強，然後衝破你的限制。

多提幾個問題會增強你對對方的影響，這樣最後一個問題得到的效果會更好一些。

# 分散氣場力量，隱藏真實意圖

薩銳的突然到訪讓邁克爾覺得很驚訝，讓邁克爾更驚訝的是薩銳居然不是找毛豆而是來找自己的。

由於毛豆的變化，薩銳可以感覺到邁克爾的神奇。過去他並不需要他人的指導，但他目前遇到上一件很難解決但又必須解決的事情，他只好來求助邁克爾了。

薩銳將自己的情況簡單地向毛豆和邁克爾敘述了一遍，薩銳所率領的部門研發出一套軟體程式，卻缺少一項由L公司掌握的必要技術的支撐。L公司向來以「趁火打劫」出名，如果L公司知道了自己缺乏這項技術，肯定會漫天要價的。這就會影響到自己公司的贏利空間，甚至無法贏利。如果是自己研發，那麼公司還需要投入大量的資金和人力，還會阻礙這套軟體搶佔市場的時機。如果放棄，公司不僅前期的投入血本無歸，還會喪失一部分市場。

聽了薩銳的敘述，毛豆馬上就看到了問題的嚴重性。無論薩銳怎麼做，他都極有可能因爲項目的失敗而受到牽連。在薩銳講述之前，邁克爾就覺察到了薩銳的不安。在思考了片刻之後，邁克爾問道：「除了這項必要的技術，你們公司和L公司還有其他技術交流嗎？」

薩銳答道：「L公司的實力很強大，他們的研究工作非常出色。我們公司和L公司有過一些技術交流，還向他們公司買過一些專利。」

邁克爾又說：「如果你們現在還需要向L公司購買專利技術，就將這項必要的技術放在這些專利中一起購買。」

薩銳和毛豆無法理解邁克爾在說什麼，不過過了一會兒毛豆就想明白了。他對薩銳說：「L公司喜歡『趁火打劫』，但是他們不知道你們需要那項技術，也就不會想到要更高的價格了。將這項技術和其他技術混在一起，L公司也猜不到你們公司究竟是非常想要某項技術，還是只是進行一些必要的技術投資。」

聽了毛豆的話，薩銳恍然大悟。

這種方法的好處在於它可以成功的將自己的需求隱藏起來，這一點在談判桌上相當常見。談判時，雙方會就很多問題展開較量。但雙方真正的目的可能只是在一兩個小的方面獲

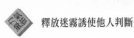

取一定好處。如果過於側重某一點，談判中的一方就很容易被另一方抓住弱點，並圍繞著這一點要求在其他方面獲得更多的利益。不只在談判桌上，在現實生活中這種方法的運用也非常常見，我們經常會見到售貨員和顧客在一些小問題上爭來吵去，顧客說這裡有問題那裡有問題，售貨員說這裡沒問題那裡很不錯，其實質的爭端大多都是在價格。如果顧客直接表露出價格太貴的意思，售貨員多半會圍繞商品爲什麼會這麼貴來講商品的優點，顧客就會變得被動。另外，顧客一般在買東西時很少會直接表露出自己的喜好，因爲售貨員可能會因爲顧客的喜歡而抬高價格或者採用其他的手段。

我們的想法以及思維變化都會表現在氣場上，當氣場能量侵入對方氣場並表現出明顯的目的性時，對方就很有可能根據我們的氣場變化做出應對。想要避免這種現象發生，我們就要讓氣場能量分散，也就是向前面那樣不要將自身的目標直接顯露出來。當你的氣場能量從多個方向侵入他人氣場能量時，他人多半會被你的氣場能量迷惑住，不清楚在這些目的中哪一個才是你的真正目的。目的性過強的氣場能量雖然很強，但很容易被對手識破，進而「對症下藥」。分散自身目標，分散氣場能量，雖然不一定會完全蒙蔽對方，對方依舊會根據一些蛛絲馬跡找到你的真正目的，但是在一定程度上能爲你搶得先機。

【毛豆筆記】

氣場能量會隨著我們的目的侵入他人的氣場，並且造成相應的影響，但是目標太明確、太急迫，就會使得他人很容易根據我們的氣場能量作出判斷，以此讓我們在其他方面作出讓步。有些時候，如果想要得到自己真正想要的，你就要學會釋放氣場煙幕彈。

分散氣場能量的關鍵是不要讓對方察覺你的重點，而是要讓各種要求看起來都很均衡。

# 反登門檻，降低對方氣場防禦

自從上次失敗的看電影經歷之後，毛豆一直在尋找一個比較好的機會和方法扭轉樂樂對自己的「差評」。邁克爾也沒有什麼好的建議，雖然邁克爾是個道地的「中國通」，在很多方面比毛豆瞭解得還要多，但對於比海底還深的異國女人心，邁克爾也無能爲力。

過了一段時間之後，毛豆終於想到了一個「大事化小」的方法。他想，如果能夠邀請樂樂再出來一次，那麼事情就有了成功解決的方法。關於如何邀請樂樂，邁克爾一定有些方法。

邁克爾果然不負毛豆所望，對毛豆說：「我們先來做一個實驗，你瞭解了這個實驗，就瞭解了這種方法，可以自由運用了。」

毛豆點了點頭，爲了挽回漸行漸遠的愛人，他什麼都願意做。

邁克爾忽然一本正經的對毛豆說：「毛豆，最近我的資金出現了問題。我和你關係這麼好，你可不可以借我一些錢幫我周轉一下。」

毛豆雖然一頭霧水，但還是點了點頭，問：「你需要多少？」

邁克爾說：「四千萬吧！」

毛豆差點沒把今天早上吃的東西都噴出來，問：「你要借四千萬幹什麼？」

邁克爾顯現出非常急迫的樣子，說：「就四千萬美元，而且我們是很好的朋友不是嗎？你一定要幫幫我。」

毛豆說：「就四千萬，還美金。你拿我當銀行了，要是四千塊，我還可以考慮考慮。」

邁克爾又說：「四千塊也可以的，總能解決我的燃眉之急，你借給我吧！」

毛豆極不情願的說：「好吧。我身上只有四百，你先拿去用吧！剩下的錢下午我領了之後再給你。」

邁克爾並沒有拿毛豆遞過來的錢，笑著說：「實驗結束了，你現在需要想一想如果我直接向你借四千塊，你會借給我嗎？」

毛豆想了一想，說：「可能會的吧！」

邁克爾說：「那其他人呢？其他人最後大概只會借給我四百。當你想要對方答應你的要求時，你可以提出一個更大的要求。在這個大要求被拒絕之後，你的小要求便更容易得到對方同意。」

毛豆疑惑的問道：「這個真的管用嗎？」

在大多數人身上，這個都是管用的。心理學家查爾迪尼曾經做過這樣的實驗，他先是請參與實驗的學生陪少年犯一起聊兩個小時，很少有學生答應。當研究人員先請求學生成爲少年犯的長期輔導員時，絕大多數學生拒絕了。這時研究人員再請求學生陪少年犯聊兩個小時時，大多數人都答應了。這種方法叫做「反登門檻」，說的是想要提出一個較小的要求之前提出一個較大的要求，當人們拒絕了較大的要求以後接受較小的要求的可能性就會提高。

這與我們每個人的氣場能量變化有關，當他人氣場能量侵入自身氣場能量時，我們往往會選擇保護自己，並且判斷如何應對；但當他人氣場能量侵入自身氣場能量變弱以後，自身氣場能量的防禦性就會減弱，我們很容易就會受到他人氣場能量的影響，最終答應對方的請求。

相信了這種方法可行以後，毛豆準備了周密的計畫。

他爲此特意來到樂樂的家裡，因爲邁克爾曾經提醒過他，當面的氣場能量碰撞更有效果。

樂樂將毛豆請到屋裡，給自己和毛豆拿了一瓶飲料。兩人閒聊了一會兒之後，樂樂就問毛豆有什麼事情。

毛豆突然誠懇的看著樂樂的眼睛，不過樂樂正在喝水，並沒有觀察到毛豆的變化。

毛豆說：「樂樂，你可以借我四千萬嗎？」

樂樂聽了一驚，還沒嚥下的水直接噴到了毛豆的臉上。

然後，就沒有然後了。

【毛豆筆記】

氣場能量的防禦是有其自身弱點的，面對陌生人時，防禦最強；面對熟人時，防禦會變弱；面對第一次出現的請求，防禦最強；面對之後出現的請求，防禦會變弱；面對同性時，防禦最強；面對異性時，防禦會變弱（因為同性之間有太多的利益爭奪）。

運用「反登門檻」時，要依具體情況做具體分析，依樣畫葫蘆是不能取得同樣的效果。

# 第二章

## 在不和諧的氣場中化險為夷

漫漫人生路，
我們難免會在人際關係上遇到各式各樣的困難和危險。
而產生這一切的根源，大多是人們彼此不和諧的氣場。

對此，如何巧妙運用自身的力量，
發揮氣場的玄妙作用，進而在羈絆背後找到出路，
是一門學問，也是我們在社會中生存的一門必修課程。

找到方法，路就會變短。
有一類氣場操縱術，恰巧能幫助你在風雨變幻的人世中，化險為夷。

# 如何消除與他人的摩擦

晉升為小主管的毛豆發現自己變了，不僅僅是自己的思維，還有自己的行為。過去，毛豆對老貝尤其是李恩威的許多做法很不理解，但現在看來，老貝和李恩威的做法是非常正常的，他甚至發現自己的行為舉止也變得像李恩威了，這讓毛豆很害怕。

當毛豆將自己的擔心講給邁克爾聽的時候，邁克爾卻覺得很正常。這讓毛豆無法接受，他認為邁克爾把他當成像李恩威一樣的人了。

邁克爾勸毛豆說：「親愛的朋友，我並沒有那麼說。你和李恩威不一樣，只是你現在經歷著過去李恩威經歷過的氣場變化，所以，你們之間的氣場會很像。」沒等毛豆反駁，邁克爾接著說：「你現在是位上司，李恩威也是位上司，你們每天處理的事情、遇到的問題都是類似的，而且應對這些問題的方法也都是很相似的，所以，你們的氣場現在很相似。這並不能讓你們兩個成為一樣的人，只是會讓你們有惺惺相惜之感。」

更多時候，人們都是先入爲主的判斷一個人，盲目否定一個人，認爲對方的氣場是有問題的。比如，毛豆過去和李恩威之間的摩擦，那時，毛豆只從自己的角度出發，覺得李恩威是在刻意的壓榨自己。現在，他可以從多個方面瞭解爲什麼李恩威會這樣，爲什麼自己會那樣。隨著瞭解的加深，毛豆就會覺察出李恩威的苦衷。在生活中，如果你會學會換位思考，那麼不一定需要經歷他人的生活，你也可以避免很多和他人的摩擦。

一位外國作家曾經寫過一個類似的故事。這位作家年輕的時候是一名記者，喜歡扛著相機到處拍那些與眾不同的地方。一次偶然的機會，他來到一處農場，在這個農場中，他看到了最懶惰的人——一個坐在椅子上鋤地的人，這個人正慢吞吞地鋤著眼前一塊非常小的地。作家的心中迅速構思起一篇批判懶惰的稿子，他決定將這個人拍下來，登上報紙，讓所有人都來看看這個懶惰的人。然而，等他走到這個人的另一側時，作家看到了這個人一條空空的褲管，放在椅子旁的拐杖，還有鬢邊的白髮。作家忽然發現自己錯了，他的氣場迅速由敵意轉向了敬意。他已經沒有任何指責這個老人的想法了，於是悄無聲息的離開了，並且將這個教訓寫在了自己的作品中，以圖告訴更多的人。

人與人之間常因爲一些或大或小的問題出現爭論、吵架，甚至大打出手。在這個過程中，我們很難控制自己對他人的敵意，但當你換一個角度來看，你就會發現這件事情並沒有自己想像的那麼差。原來自己和他人的矛盾並沒有想像的那麼尖銳。當你明白這一點的時候，氣場能量中的敵意就會消除一大半，你與對方的氣場之間的摩擦也就不復存在了。

【毛豆筆記】

我們與他人產生氣場摩擦的根本原因是雙方氣場無法融洽的交流，而造成這一切的原因則是我們習慣於從自己的角度、以自己的習慣去評價或者判斷他人。這種看待問題角度的偏差就會造成敵意，製造氣場摩擦。減少摩擦的方法就是要學會換位思考，將心比心。

你不理解他人時，他人就是地獄；當你理解他人時，他人可能會是天堂。

# 故意削弱自身氣場，免遭他人嫉妒

毛豆的升職給他帶來了很多好處，也給他帶來了不少的問題。他成爲部門內部成員議論的話題，這既包括現在他的幾個下屬，也包括部門的其他同事，毛豆很不適應這種生活。過去，他可以和其他同事隨意的談天說地，現在其他同事看見他就恨不得離他遠一點兒。

毛豆心裡很清楚這些人的想法，有一部分人是害怕他向李恩威報告一些情況。雖然有一些人不歸他管轄，但毛豆是部門內部除了李恩威以外唯一的上司，還有另外一部分人是嫉妒他。

毛豆很清楚這種情況，對此他感到無能爲力。邁克爾寬慰他道：「你們中國人不是常說，不遭人妒是庸才嗎?被他人嫉妒，說明你的能力很強。」

毛豆的確很需要這樣的安慰，可是這樣的安慰沒有任何效果。毛豆回應說：「我們中國人還有另外一句沒有外傳的話，叫做常遭人妒是蠢材。」剛說出口，毛豆就有些後悔，畢竟邁克爾是在勸慰自己。他轉而想到，邁克爾一定會有什麼辦法的。

不出毛豆所料，邁克爾果然有很好的辦法。邁克爾先讓毛豆看了一部影片，影片中分成四段。

第一段影片中接受主持人採訪的是位非常優秀的成功人士，他在自己所從事的領域裡取得了輝煌的成就。在接受主持人採訪時，他非常自然，談吐不俗，表現得很有自信，沒有一點羞澀的感覺，他的精彩表現不時贏得訪談現場觀眾的陣陣掌聲。

第二段影片中接受主持人訪談的也是個非常優秀的成功人士，不過他在臺上略微顯得有些羞澀。在主持人向他提問時，他表現得非常緊張，還不小心把桌上的咖啡杯碰倒了。

第三段影片中接受主持人訪談的是個非常普通的人，他不像上面兩位成功人士那樣有著不俗的成績。在整個採訪過程中，他雖然不太緊張，但也沒有什麼吸引人的地方。

第四段影片中接受主持人訪談的也是個很普通的人，在採訪的過程中，他非常緊張，和第二段影片中一樣，他也把身邊的咖啡杯弄倒了。

影片放完以後，邁克爾問毛豆比較喜歡哪一個人，毛豆說喜歡第二個人。可是當邁克爾詢問原因時，毛豆就不知道了，只是憑感覺作答。

毛豆的感覺是由自身氣場的判斷得來的，毛豆透過對這四個人的觀察，覺察出了這四個人的氣場能量：第一個人的氣場能量是圓滿的、強大的，隨時可能向外爆發的；第二個人的氣場能量是圓滿的、強大的，而且是和諧的；第三個人的氣場能量是中規中矩的；第四個人的氣場能量則是有些混亂的。

在邁克爾的眼中，毛豆的氣場很像第一個人的氣場。毛豆很勤奮，並且最近成功收服了四個下屬，他的氣場在不斷膨脹，隨時都有可能刺激其他人的氣場，這讓他人感覺到不舒服。當氣場感覺到不舒服的時候，進而刺激這些人產生了嫉妒的情緒。如果想要擺脫這種情況，毛豆可以像第二個人那樣，犯一些小的錯誤。這些小的錯誤會淡化毛豆氣場對於他人的影響，因爲這些錯誤代表著氣場的混亂，混亂的氣場在侵入他人氣場時，不但不會攻擊他人氣場，還可能修復他人氣場，從而減弱他人的嫉妒。

在生活中，如果他人嫉妒我們或者對我們有抵觸情緒時，我們就可以採用這種方法。只不過，你要確定自己的氣場已經達到第一個人的那種狀態，否則可能會像最後一個人那樣更不受他人的喜歡。

【毛豆筆記】

過於積極正面的氣場能量有可能會刺激他人的氣場能量，讓自己陷入他人氣場的敵對中。這時，我們可以選擇犯一些較小的錯誤來釋放自己過強的氣場能量。這種釋放會有效的減少氣場能量過於強大帶來的問題，也不會讓他人氣場感受到不舒服。

小錯誤與出洋相只有一線之隔，掌控不好，便會成為笑柄。

# 選擇益於降低衝突的舒適環境

你比較喜歡在哪裡吵架？

大多數人只會問自己在哪裡比較容易感到幸福，而不是感到痛苦。你在不同的地方感受到的幸福不會相差太多，但是在不同的地方，你可能就不會吵起來了。所以，你應該問一問自己比較喜歡在哪裡吵架。

邁克爾現在讓毛豆思考的就是這個問題，然而，毛豆想了半天，也沒有想出什麼結果。邁克爾只好轉換一下思維，問毛豆最不喜歡在哪裡吵架。

毛豆又想了想，說：「家裡，餐廳裡。」

邁克爾問：「爲什麼？」

毛豆回答：「如果在家裡吵架，我會怕和對方打起來，然後破壞傢俱；如果在餐廳裡吵架，我害怕他人盯著我們看。」

邁克爾接過毛豆的話說：「這就對了，每個人都有不想吵架的地方。如果你找到了樂樂不喜歡吵架的地方，你就可以保證不和樂樂吵起來了。」

毛豆仔細的考慮了一下，得意地笑了，看來他已經想到了樂樂不喜歡吵架的地方。

人們很容易受到環境的影響，在不同的環境中人的表現會很不一樣。在公共場合的表現和在私密場合的表現不一樣，在白天的表現和在晚上的表現不一樣，在優雅舒適的地方的表現和在污水橫流的地方的表現不一樣。我們的氣場受到環境的影響往往會更大一些，因爲氣場時刻不停的與外界進行能量的交換和接觸，這種交流並不僅僅局限於自身氣場和他人氣場之間的交流，也包括自身氣場和環境中的外部能量之間的交流。外部能量會直接影響我們的氣場能量，並且促使我們的氣場能量發生一定的變化。當你行走在森林中時，會感覺到內心一點一點的寧靜下來，這是森林的能量在影響你的氣場能量，讓氣場能量像森林的能量那樣變得寧靜、和諧；當你行走在流水邊時，會感覺到內心一點一點的激蕩起來，這是河流的能量在影響你的氣場能量，讓氣場能量像流水的能量那樣流淌變化。氣場能量隨著外界能量變化，而我們的情緒也會受到同樣的影響，這一點在我們面對一些可能和我們發生衝突的人時要特別注意。

兩個人的氣場在接觸過程中，由於放鬆了各自對於能量穩定的控制，更容易受到外部能量的影響。假如你和對方在流水邊，雖然流水可以淨化氣場能量中的敵意，但也會讓你們兩個人的氣場能量更加活躍，增加氣場衝突的可能性。如果你們在幽靜的森林中，森林的能量不但會淨化氣場能量中的敵意，還會讓你們兩個人的氣場能量變得寧靜，增加氣場和諧的可能性。

在喧鬧的都市中尋找到這樣的地方很困難，不過，我們依舊可以利用環境降低與他人發生氣場衝突的可能。在選擇環境時，我們需要注意兩點：第一，不要選人多的地方。人多的地方，環境中就會充斥著他人的氣場能量，他人的變化同樣會影響到我們的氣場能量。所以，要儘量遠離人多的地方，這樣才能讓環境的能量發揮到最大。第二，不要選過於偏僻的地方。過於偏僻的地方很容易讓對方氣場能量的防禦性加強，這樣同樣不易於降低兩個人氣場能量中的敵意。

選擇環境時，我們需要挑選那些舒適、安靜、人少、安全的環境，最好再配上些有安神作用的花香，古樸寧靜的音樂。在這樣的環境中，你和對方是很難發生氣場衝突的。

【毛豆筆記】

在與他人接觸的過程中，他人的氣場能量以及環境的外部能量都會對自身氣場能量產生重大的影響。如果你善於選擇與他人氣場融洽的環境，你就能夠更善於把握彼此氣場的關係了。

要學會制怒、慎獨，減少外界對自身氣場能量的影響。

# 面對憤怒，只可導不可壓

一陣吵鬧的鈴聲將毛豆從美妙的夢境中拖了出來，毛豆心想究竟是誰這麼討厭，好不容易有個星期天還要來打擾我。不過，毛豆還是接了電話，禮貌的問：「您好，哪位？」

「是我，薩銳。你今天沒事吧，出來陪我聊聊天。」薩銳的聲音很沮喪，嚇了毛豆一跳。

見到薩銳，毛豆發現薩銳的精神狀態非常不好，他的氣場中充滿了負面能量。一見毛豆，薩銳就把自己的一肚子苦水和氣憤通通倒向毛豆，不給毛豆任何說話的機會。原來，薩銳採用了邁克爾的方法成功的搞定了L公司，產品推向市場也大獲成功。可是，薩銳不但沒受到獎勵，還被老闆處罰了。理由是薩銳向L公司購買了不必要的技術，而這些當初老闆是舉雙手贊成的。

薩銳越說越氣憤，不停的詢問毛豆：「我該怎麼辦？我是不是該辭職？這樣的老闆是不是混蛋……」

毛豆完全不知道該怎麼辦，只好發簡訊向邁克爾求救。過了五分鐘，毛豆終於收到了邁克爾的回覆：「可導不可壓。」

邁克爾告訴過毛豆遇到非常憤怒的人應該怎麼做，最後的總結就是這五個字「可導不可壓」。

邁克爾認為，當一個人憤怒時，他的內心就會製造出大量的負面能量，這些負面能量會被逐漸傳導到氣場中。可是，他的氣場無法承載這些突增的氣場能量，所以要發洩出來或者爆發出來。由於氣場中積累了大量能量，所以憤怒的人們一般都比較有力量，而且對於疼痛的感覺會相應降低（氣場能量過多會導致感覺外部能量遲鈍）。

在這個時候，如果說「你別生氣了」、「沒什麼的」等話語壓抑對方氣場能量，則很容易讓對方將負面能量繼續存在於氣場中，等到有其他誘因的時候，再爆發出來。這樣並不能解決任何問題，只會讓問題變得越來越糟。憤怒的能量長期積累在氣場中會改變對方氣場能量的構成，影響對方的性格。

但也不可以迅速導引，讓對方一下子全都發洩出來。突然爆發出來的過強的氣場能量可能會傷害到自己，因爲憤怒的能量所需要的僅僅是發洩出來，很少會考慮到對象是誰的問題。

遇到這種情況，最好的辦法就是慢慢誘導對方將憤怒的氣場能量緩慢地釋放出來，既不壓抑也不刺激，給對方一段較長的時間，讓對方將憤怒的能量一點一點的釋放出來。

毛豆實際上就是這樣做的。他沒有附和薩銳，也沒有頂撞薩銳，他一直在不斷的詢問細節，讓薩銳緩慢地將故事多講了幾遍。在講述的過程中，薩銳憤怒的能量逐漸被發洩出來。經過了幾小時的長談，薩銳終於可以平靜的面對這件事情了。

【毛豆筆記】

面對憤怒的人，我們要瞭解到他的氣場能量是強大而且急於發洩的，我們需要一步步誘導對方將憤怒的能量釋放出來，既不能太快也不能太慢，既不能壓抑也不能刺激，讓對方在較為平和的環境中，將內心的能量釋放出來。

讓憤怒的人把能量發洩出來的同時，還要注意避免這些負面能量傷害到自己。

## 借協力廠商之勢避開正面衝突

毛豆率領的小組擴大了，可是毛豆的日子更加難過了，因為新分發到自己組中的正是自己的死敵——古莉莉，對於古莉莉，毛豆完全不知道該怎麼應對。古莉莉雖然比毛豆進公司晚很多，但業績一直和他不相上下，只有最近毛豆才進展神速。另外，毛豆一直都受到古莉莉的欺負。

分發到毛豆的團隊之後，古莉莉的脾氣更是有增無減。團隊內部開會的時候，古莉莉總是指桑罵槐地批評毛豆這也不對，那也不對。毛豆整天都被她弄得焦頭爛額，無奈之下只好再次找到邁克爾請求幫助。

邁克爾聽到毛豆的敘述以後，不知道是該說毛豆善良好，還是該說毛豆軟弱好，一個上司居然被自己的屬下整天欺負，真不知道毛豆是怎麼過來的。不過瞭解毛豆的邁克爾還是想知道毛豆到底是怎麼想的。

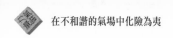

毛豆只好將真實的原因說出來：「其實，我不是管不住她，也不是懼怕她，我只是不想讓我們兩個人的關係因此急轉直下，畢竟過去還有一段時間關係是很好的。可是，我又不能不管她，這樣下去，我和她都會倒楣的。」

毛豆所說的這種情況在生活中是比較普遍的，我們經常會對他人有一些意見，如果我們不將這些意見說出來，事情就會變得很糟糕，但是如果說出來，我們可能會失去一個或者幾個朋友，讓事情變得更糟糕。無論是說還是不說，自己都難逃被埋怨的下場。

在我們向他人傳達意見的過程中，氣場能量也會隨著我們的意見侵入對方的氣場。如果雙方意見分歧較大，你與對方之間的氣場就會不斷的爭鬥，影響雙方之間的氣場磨合。解決這個問題的關鍵就在於將自己的意見和自身的氣場能量拆分開來，但這是比較困難的，因爲我們的語言與氣場在很多時候都是一致的。

可是，還有一種情況是例外的，那就是在我們轉述他人意見的時候。這時我們的氣場能量依舊會隨著我們的意見侵入對方的氣場，但在對方的認知中，這些能量卻是由我們作爲中轉站傳遞給他們的，我們就成功的避開了直接說出自己意見傷害對方的情況發生。這實際上就是一種借勢，借第三人的氣場把我們的問題轉移出去。

在具體操作過程中，我們還必須注意兩個問題：第一，對方是否是一個反應很直接的人，也就是很少思考的人。這種人的能量運動比較直接，他們極有可能沒有分清這些話是誰說的就直接反擊，那樣，這個計畫就會不起作用了。第二，我們能不能找到一個合適的「替罪羔羊」。這個「替罪羔羊」一定要與事件有關，我們還要理解這個人的語言習慣。如果無關，那麼傳遞一件這樣的資訊就會讓對方警覺。如果我們模仿的他人語言與他本身語言相差太多，我們隱藏自身氣場能量的做法就會很難完成。這也同樣是爲什麼有時候用他人口吻拍馬屁，結果拍在馬腿上的原因。

此時，對於毛豆來說，最好的「替罪羔羊」就是李恩威。

毛豆找到古莉莉，告訴她，李恩威說如果她再不好好工作就會炒掉她。古莉莉被這一訊息震住了，不過依舊很感謝毛豆的及時提醒。

本來以爲一切按照計畫進行，可是第二天古莉莉依舊我行我素，絲毫沒理昨天毛豆說的話。毛豆厚著臉皮去詢問原因，結果古莉莉神氣的答道：「昨天我問了一下李總，結果李總說完全沒這回事情。還讓我轉告你，找一個時間碰個面。」

毛豆功虧一簣，因爲邁克爾在向毛豆介紹這個方法的過程中，忘了說要謹記儘量不要在古莉莉認識的人中選擇，因爲古莉莉可能會去詢問。

【毛豆筆記】

借勢是運用氣場能量的很好的手段，在借他人之勢的過程中，我們既可以把自身的氣場能量全面調動起來，又可以避免與他人的能量產生強烈衝突，影響兩人氣場之間的關係。

借勢可以讓兩個人站在同一戰線上，增進氣場交流。

## 擊中對方弱點，扭轉乾坤

毛豆很討厭兩種人，一種是很囂張的人，一種是非常囂張的人。

現在毛豆面對的就是一個討厭的人，可是毛豆卻不能把自己的這種感覺表現出來，因爲對方是他們部門極其重要的客戶。

老實說，這個客戶很多人都不喜歡，在與客戶接觸的過程中，客戶不斷提及自己有多麼雄厚的資產，並且股票馬上就要上市了。毛豆只能不斷的附和著，因爲他覺得這樣可以讓客戶和自身氣場接觸更融洽，讓他能夠成爲長期合作的客戶。

誰知道這個客戶依舊喋喋不休的講下去，並且更加囂張。當著毛豆以及同事的面，客戶批評毛豆所在的公司、所擁有的產品一文不值。路過會議室的李恩威看到了這種情況，悄悄地將毛豆叫了出來，暗地裡教了毛豆幾招。

等到毛豆回來的時候，客戶依舊在和毛豆的同事說著自己的公司。毛豆來到這位客戶的面前，手中拿著一份資料，平靜的對客戶說：「先生，如果你認爲本公司如此不堪，那麼我只好說聲抱歉了，我們公司只能與另外一家公司合作了。」

客戶愣在那裡，他完全沒有想到這一招，他只是想透過這種方法讓毛豆作出一些價格上的讓步，讓自己獲得更多的利益。因爲他確信自己是S公司唯一可能的合作夥伴。當他聽到毛豆這樣說時，他只好收斂起來，向毛豆表示道歉，並說這樣的事情不會再發生了。

接下來，毛豆一帆風順的與客戶簽下了合約。

李恩威教毛豆的就是這一招，實際上毛豆手裡的資料只是一疊嶄新的白紙。李恩威一眼看穿了客戶的伎倆，對付這種囂張的對手就要直接戳中他們的死穴。

俗話說，金無足赤，人無完人。每個人都有這樣或者那樣的弱點，找到這些弱點並且給予對方致命一擊，就能夠幫助我們取得氣場交鋒的勝利。當一個人很囂張的時候，這個人就已經在不斷的製造負面能量，負面能量的增多會促使他的氣場發生膨脹。膨脹的氣場更容易侵入到他人的氣場中，讓他人感到不舒服。這時，像毛豆這樣企圖與對方氣場融洽接觸的可能性很小，因爲對方的氣場中充滿了負面能量，而我們氣場中則更多的是正面能量，負面能量與正面能量接觸只會讓雙方的不適感加強，尤其是對於擁有正面能量的一方。

在氣場膨脹時，一個人的弱點更容易顯露出來。這時，由於對方的負面能量並不能完全支持氣場的膨脹，所以原來的氣場能量要覆蓋在更爲廣大的範圍內，氣場能量的強度就會有一定的減弱。我們可以透過擊潰對手的氣場取得氣場交鋒的勝利。

想要找到他人的弱點，我們需要更多的觀察，不斷的觀察和積累能讓我們瞭解人們更多的想法，並透過這一點找到他人的弱點，就像李恩威那樣。氣場變化一定是有其內在原因的，這時對方往往會選擇呈現出相反狀態來掩飾自身的弱點，比如說輕視對方實際上是爲了掩飾對對方的重視，等等。

**【毛豆筆記】**

面對囂張的人，一味忍讓只能讓我們更加被動，正確的做法是，主動尋找囂張者的氣場弱點，攻擊對方的弱點，讓對手不再囂張。

**利用他人弱點的同時，注意不要被對方利用了自己的弱點。**

## 迅速遠離無法化解的氣場危機

在生活中，我們遇到的大多數問題都可以解決掉，但這並不意味著當問題發生時，你就一定能夠解決，氣場操縱力也是如此。雖然擁有強大的氣場操縱力可以幫助你解決很多問題，但在某些情況下，氣場操縱力並不能幫助你做得更好。

在邁克爾的指點下，毛豆的氣場操縱力有了很大的進步。可是在面對很多問題時，毛豆依舊無能爲力，所以經常鼻青臉腫的來找邁克爾。

邁克爾詢問毛豆究竟發生了什麼事。

毛豆出差回來在火車站等公車的時候，旁邊有四五個喝多的人在爭吵。好奇心誘使毛豆想要瞭解究竟是怎麼一回事，誰知毛豆剛一走過去就被這四五個人不由分說的打了一頓。

邁克爾問：「那你有沒有預料到他們會對你動手？」

毛豆說：「當然沒有了，如果知道會發生這種事，我肯定不會上前的。」

邁克爾說：「你應該預測得到的，因爲他們喝醉了而且在爭吵，他們的氣場充滿了憤怒的能量，渾濁不堪，極有可能發洩在他人的身上。你很不幸，成了那個發洩的對象。」

毛豆說：「可能是這樣，不過，我認爲我能幫助他們。」

邁克爾歎了口氣，語重心長的說：「有很多不和諧的氣場交鋒並不像我們看到的那麼簡單，當你不明真相的衝上前時，你是根本解決不了問題的。」

毛豆插嘴道：「可是……」

邁克爾馬上打斷了毛豆的話，說：「我們遇到的一些問題，是不可化解的，所以，你應該瞭解到自己究竟有多大的能量。強行去化解那些不和諧的氣場交鋒只會將我們自己捲進去，就像你現在這樣。有時候，你應該學會逃跑。」

邁克爾所說的這一番話與兩千多年前孔子對他的弟子曾參說的話很相似。一次，曾參犯了錯，他的父親要拿大棒子打曾參。曾參很孝順，就待在原地等自己的父親打自己。之後，曾參求見孔子的時候，孔子說不要讓曾參進來。左右的學生都頗爲不解，問孔子爲什麼要這麼做。孔子說：「如果你父親用手打你，你可以待在原地，因爲你父親打你不會有什麼影響。但是你父親用大棒子打你，你就一定要跑，因爲如果你被打死了，你父親就要坐牢，這反而是最大的不孝。」

孔子和邁克爾都看重這一點，那就是如果你想做的事情，可以承受，那麼你就可以去做；如果無法承受後果，那就不要去做。像毛豆這樣面對一些自己無法解決的氣場交鋒，真正好的辦法就是迅速遠離，而不是主動向前。

在古希臘神廟上有一句話被很多人贊成，這句話是「認識你自己」。我們每個人都要認識到自己的能力和自己可以承受的後果，考慮到這些之後再去做一些事情。也許你的氣場操縱力很強大，也許你可以解決很多問題，但事實上，在考慮了很多具體情況以後，你能做到的只有極少，甚至會適得其反。

毛豆的故事就是在教育我們要有自知之明，知道什麼事情我們可以做到，什麼事情我們不能做到，只有這樣，你的氣場操縱力才能真正的幫助你，讓你在不和諧的氣場中化險爲夷。

【毛豆筆記】

雖然強大的氣場操縱力可以幫助我們解決很多問題，甚至可以說幫我們解決我們遇到的大多數問題，但這並不是在所有時刻、所有地點都有效。在遇到具體事件的時候，每個人都需要詳細分析自己目前的情況，以便更好的解決問題。

人貴在有自知，更可貴的是懂得我們不可能現在就能解決所有問題。

# 第三章

## 綻放氣場的魅力
### 打造最強的團隊

著名的群體心理學創始人古斯塔夫．勒龐曾指出：
「人類就是一群烏合之眾。」

然而，在這群烏合之眾裡，有的人總是被忽視，有的人卻能一呼百應。

差別何在？答案是氣場感召力。
氣場感召力，可以幫助你在團隊中發展自己真正忠實的追隨者，從而打造出強大的團隊。

# 一呼百應的秘密——感召力

成爲團隊中的領導者，率領團隊取得輝煌的成績一直是毛豆的一個夢想。他搜集了包括歐巴馬、馬雲、賈伯斯、林肯等人在內的很多優秀領導者的故事，他發現這些人都有一種神奇的魅力，能將其他人聚攏在自己的身邊，爲了同一個目標不斷向前。

邁克爾幫毛豆揭開了這個謎團，這些人所具有的神奇的魅力就是感召力。

毛豆關心的是如何才能擁有感召力。

邁克爾說：「感召力也是氣場力量的重要組成部分，這種能力是吸引力和影響力的聚合體，將他人吸引過來並且影響他人。想要擁有感召力，你就必須擁有強大的吸引力和影響力。」

雖然毛豆理解這些理論，但是他更想知道具體的方法。

邁克爾說：「正像我前面說的那樣，你需要有強大的人格魅力以及信仰的力量。」

雖然邁克爾依舊沒有告訴毛豆最想要的答案，但是他已經說明了擁有感召力必需具備的兩個條件。

首先，我們需要擁有強大的人格魅力。這種人格魅力表現在很多方面，比如懂得理解他人，會鼓舞他人等。在發揮自身感召力方面，最重要的是不要向他人傳遞負面的消息。正面的消息會塑造自己的人格魅力，讓他人相信自己，願意接受自己，喜歡自己；而負面消息則會毀掉這一切。無論他人接受了你多少的正面消息，只要有一條負面消息，你長時間建立起來的人格魅力就會被打破，這對於感召力的影響尤爲明顯。感召力並不是短時間之內就能建立起來的，而是需要長時間的積累。當他人感受到你的人格魅力時，就會感受到你的吸引，同時你也會對他們有一定的影響。當這種吸引力和影響力隨著時間不斷推移時，吸引力和影響力才會變成感召力。

當他人感受到你的感召力，聚集在你的身邊並且形成團隊時，僅僅擁有人格魅力是不足以維持自己的感召力的，你還需要發揮信仰的力量。強大的信仰會讓我們的氣場能量變得更加強大，而且會讓這種強大的氣場能量持續下去。當他人聚集在我們的身邊時，信仰的力量不僅可以影響我們自身的氣場，還會影響到他人的氣場。信仰可以讓彼此之間的能量交換更加頻繁，讓他人更加順暢的感受到我們的感召力，讓團隊變得更加團結。

此外，你必須要記住一點，那就是感召力與金錢和地位沒有任何關係。當你動用了金錢或者地位去誘惑他人時，這種能力就不能稱之爲感召力了。感召力是一種正向交流形成的力量，讓他人在大多數情況下聽從我們的召喚和領導，這些都是金錢和地位無法達到的。

【毛豆筆記】

領袖人物一呼百應的秘密就在於他們具有神奇的感召力。感召力是透過不斷的向他人傳遞正面能量，以及讓他人感受到自身信仰的氣場能量來實現的。讓自己擁有感召力的根本途徑是讓自己擁有強大的氣場能量。

感召力是一種特殊的氣場操縱力，可以幫助你在團隊裡吸引並影響他人。

# 狼性的領導與銳意進取的團隊

成功的處理了很多問題之後，毛豆開始思索另一個有關團隊管理的重大問題：如何才能把自己的團隊打造成銳意進取的精英團隊呢？

在一次工作中，李恩威間接的給毛豆解答了這個問題。李恩威告訴毛豆當初自己爲何要提拔他——因爲他擁有成爲領導的潛能。毛豆對此感到很不解，自己既沒有特別出眾的業績，也沒有表現出自己什麼特別的能力，更沒有表現出太多自己的主見，甚至有很多時候都是上司安排什麼自己就做什麼。

李恩威說：「在剛見到你的時候，我對你的確沒有太多的印象。在我眼中，你只是一個普通員工。可是在之後的接觸中，我逐漸發現了你的優點。你的確沒有過於出眾的業績，可是你的業績一直在不斷上升。相比之下那些業績穩定的優秀者，我更喜歡像你這樣不斷向前走的員工。另外，你說你沒有什麼出色的能力，也沒有主見，什麼單子都接，實際上並不是這樣的。在觀察了你一段時間後，我特別提高了你的任務難度，但你依舊在努力的做事，將問題一個又一個解決。這種不因外部改變而讓自己改變的能力就是成爲一個領導最需要的能力，因爲你需要帶領團隊克服一個又一個的難題。」

毛豆覺得李恩威的褒獎雖然有一定的道理，可他還是覺得李恩威有些東西沒有說出來。回到家裡以後，他找到邁克爾想聽聽邁克爾的想法。

邁克爾說：「李恩威的確沒有說出一些事情，那是因爲他不明白，他看不到你的氣場。剛見到你時，你的氣場普普通通，但現在你的氣場已經變成了狼性氣場，只有這樣……」

毛豆忽然打斷邁克爾：「等等，狼性氣場，我有那樣嗎？」

邁克爾點了點頭，接著說：「你的氣場現在的確擁有狼性氣場的特點，首先你一直向前，不願意停在原地，這符合狼性氣場中的征服特性；其次，你不經常表達自己的觀點和意見，甚至對於他人也很少有怨言，這符合狼性氣場中的隱忍特性；最後，你一個又一個將難題解決掉，這符合狼性氣場中的堅持特性。」

領導者是團隊氣場中最重要的一環，有句話是這樣說的：由一隻狼率領的一群羊就擁有一群狼的戰鬥力，由一隻羊率領的一群狼卻只有一群羊的戰鬥力。這一點在拿破崙身上表現得最為明顯，拿破崙是歐洲歷史上最偉大的軍事家之一。他就像是一頭狼，率領著自己的軍隊不斷的取得勝利。李恩威所看重的就是毛豆的這一點，毛豆可以有效的影響自己的團隊，讓團隊向更好的方向發展。

想要擁有能夠銳意進取的狼性團隊，就需要營造狼性的團隊氣場。而想要營造狼性的團隊氣場，就需要有一個擁有狼性氣場的領導者。狼性氣場並不是像狼一樣兇殘，而是像狼一樣懂得隱忍，懂得堅持，懂得向前，懂得如何成功。

【毛豆筆記】

團隊氣場是由團隊中每個人氣場能量的交流而形成的。由於領導者在團隊中的特殊地位，以及領導者對團隊氣場的影響往往是最大的，也是至關重要的。同時，領導者的氣場在平時與下屬的接觸中也會不斷的影響下屬的氣場，讓團隊氣場和個人氣場更為一致。

有狼性的領導，就會有銳意進取的團隊。

## 讓每個人都感到自己是團隊的一分子

時下，團隊已經成爲一個越來越流行的概念，很多人都在不斷強調團隊的力量，而在這一過程中，團隊氣場的修煉是非常必要的。

團隊氣場與個人氣場不同，它是由很多人的氣場組成，受個人氣場的影響而形成的。團隊氣場的強弱變化與團隊內部的氣場能量有關。外部能量會透過影響團隊中的個人氣場而達到作用。團隊氣場是由團隊中每個人的氣場組成的，個人之間的能量交換會大大的影響團隊氣場。在交換過程中，一種能量或者幾種能量會成爲團隊氣場中的主要能量並得到加強。當某種能量成爲團隊氣場的主導時，這種能量就會反過來影響團隊中的成員。所以，在同一團隊中的人往往最後會有相近的處事方法、性格特點，這些都是受到了團隊氣場中主要能量影響的結果。

想要擁有強大團隊氣場的首要前提，就是讓團隊之中的每個人都感受到團隊氣場的影響，並願意接受團隊氣場的影響。在這種情況下，團隊中的每個人都會將自己的能量釋放出來，增強團隊氣場能量的強度。

然而，想要讓所有人都能夠接納團隊氣場並不是那麼容易的。毛豆目前所面臨的就是這個問題：自己帶的稍微久一點的四個下屬和自己已經形成了很好的團隊氣場，但是古莉莉的加入打亂了這一切，她不喜歡這個團隊中的一切。她總是喜歡在團隊中說東說西，破壞團隊之間的和諧，毛豆對此很是苦惱。

在和邁克爾談這一問題的時候，毛豆覺得自己很無奈。

邁克爾卻並不這麼看這個問題，他對毛豆說：「這個問題的出現實際上你也有責任，因爲你並沒有把古莉莉當成團隊中的一分子。」

毛豆反駁道：「我有把她當成團隊裡的一分子，每次都會聽取她的意見。」

邁克爾說：「但實際上你的內心並不能完全忘記過去和古莉莉的不悅，這種心理上的不悅讓你排斥古莉莉的存在。如果不相信，你可以好好想一想自己做的事情。」

將過去的很多事情從頭到尾想了一遍後，毛豆承認，自己的確對古莉莉有些成見。出現這種成見是很正常的，因爲畢竟兩個人有很多的爭端。毛豆是一個知錯能改的人，他願意改正，將古莉莉接納進這個團隊。這樣團隊氣場就會更強，團隊也會更加團結。

雖然有這樣的想法，但毛豆不知道該怎麼做。

邁克爾仔細的想了一想，說：「這種成見來自彼此之間的距離感，這種距離感需要長期的接觸才能化解。不過，短期之內你依然可以做一些事情，比如聽從她的一些好的建議或者意見，畢竟她也算是你的後輩，肯定可以提出不錯的建議。不過，這之後的具體執行才是最重要的，要讓她看到自己的建議得到了確實的落實，這比說什麼都管用。另外，她的建議對團隊氣場的強化也是有一定效果的。」

毛豆聽從了邁克爾的建議，從古莉莉的眾多牢騷和批評中找到了一些具有可行性的建議。在經過上級同意之後，毛豆將古莉莉的想法付諸實施。每週尋找一天，毛豆率領部門同事在走訪客戶的途中，尋找一處不錯的環境，安靜的聊聊工作以外的事情。這個建議的落實不但讓毛豆瞭解了下屬的情況，可以更好的說明下屬工作，也讓下屬瞭解到了毛豆的不容易。

這些做法讓毛豆成了下屬心目中最佳的上司。

【毛豆筆記】

一個強大的團隊需要所有人的努力，團隊氣場也是如此。這樣做的前提是讓每個人都感覺到自己是團隊裡的一分子，團隊氣場之間的交流會更加頻繁和融洽，團隊氣場的力量才能真正表現出來。

多聽聽團隊成員的意見，會讓成員覺得自己是團隊裡的一分子。

## 樹立共同目標，構建同質氣場

毛豆、于晉郭、薩銳三個人雖然是非常好的朋友，但彼此之間卻非常喜歡抬槓。雖然不會影響三個人之間的感情，但多少會令人感覺到不舒服。

毛豆是其中感覺最爲明顯的一個，尤其是在遇到了邁克爾之後。因爲感受到了三個人氣場之間的碰撞和交鋒，毛豆知道這種氣場感覺更像是敵人，而不是朋友。在接觸了團隊氣場以後，毛豆發現他們三個人雖然關係很好，也可以一起做很多事情，但卻很難形成一個穩定的團隊氣場。他們之間的團隊氣場時而強大，時而弱小，這讓一向很重視朋友的毛豆感到很苦惱。

邁克爾看出了毛豆的苦惱，就對毛豆說：「出現這種情況是很正常的。」

毛豆有些生氣的說：「很正常？」

邁克爾疑惑的看著毛豆，說：「是的，因爲你們之間是朋友，並不是一起工作、一起解決問題的真正團隊。所以，你們之間出現一些矛盾、一些摩擦是正常的。」

毛豆雖然理解了邁克爾的話，但是無法接受，說：「我還是希望我們之間的團隊氣場能像我現在部門的團隊氣場。我們能夠更加友好的相處，做事情時能夠更加融洽。」

邁克爾說：「那你覺得你和朋友之間形成的團隊氣場與你的部門形成的團隊氣場有什麼區別呢？」

毛豆仔細的想了想，發現除了都是團隊氣場以外，兩種團隊氣場幾乎沒有任何相似之處。在這麼多的差異中，毛豆並不知道哪一點才是最重要的區別。

在毛豆胡思亂想的時候，邁克爾主動揭開了謎底，說：「是目標。工作形成的團隊氣場一般都有明確的目標，以及實現目標的各種計畫、各種措施。朋友之間形成的團隊氣場則沒有明確的目標，雙方只是因爲彼此之間氣場的吸引和相處的融洽才成爲朋友的，很少有明確的目的性。」

邁克爾所說的正是兩種團隊氣場的最大區別，實際上這個區別並不僅僅局限於這兩種不同的團隊氣場，還存在於相同的團隊氣場當中。擁有明確目標的團隊氣場能量一般都比較強大，而沒有明確目標或者目標不切實際的團隊氣場能量則比較弱小。

目標對於團隊氣場的影響是非常大的，它透過影響團隊中個人的氣場而最終影響到整個團隊的氣場。擁有共同目標的人在實現目標的過程中通常會擁有相同或者相似的氣場能量，這些氣場能量會促進團隊成員之間氣場融洽的接觸，也就是我們平時常說的「志同道合」。當一支團隊擁有共同的目標時，成員之間的接觸就會更加融洽，團隊會變得更加團結。這種團結會讓團隊氣場的力量更加強大。

我們在選取目標時也要注意到目標的可行性，只有那些更加實際、更加易於實現的目標才能激發出更多的氣場能量，讓團隊成員之間的接觸更加融洽，目標起的作用才會更大。

**【毛豆筆記】**

團隊氣場會受到很多因素的影響，其中是否擁有目標對團隊的影響最大。擁有共同的目標，團隊成員就會比較團結，團隊內部氣氛就會更加融洽，團隊氣場就會更加強大。相反，如果沒有共同的目標，團隊氣場就會因為內部的爭執而變得不穩定。

團隊以外的朋友之間並不一定需要共同目標，氣場衝突就可能會加深彼此之間感情。

## 適時講故事可以改善會議中的沉悶氣氛

成為管理者之後，毛豆要參加的會議越來越多，他覺得會議大多很沉悶，尤其是自己主持的小組會議。即使是在談工作，大家往往也都打不起什麼精神，這些都讓毛豆懷念起了老貝。

雖然老貝有這樣那樣的缺點，但老貝在帶動大家情緒方面很有方法。每次老貝主持會議時，大家都很活躍。在商討具體事情的時候，每個人發表自己意見也比較積極。儘管有很多意見和建議不太現實，但這種積極參與的精神讓每個人在接下來的工作中都更加賣力。

試圖改變沉悶會議的毛豆打算向老貝取經，可是他覺得還是看一下自己過去的會議記錄，先對老貝的方法有所瞭解再去詢問也不遲。將這些會議記錄基本看完後，毛豆發現老貝有一個特點——很喜歡講故事。他講的故事五花八門，有身邊的小事、也有名人的事蹟、公司的歷史，等等。於是，毛豆來到老貝的家裡，問老貝為什麼那麼喜歡講故事。

老貝感覺毛豆的提問很奇怪，不過還是認真地回答了毛豆。老貝說：「其實，我也不是特別喜歡講故事，只是看了林肯的傳記，發現林肯很喜歡給別人講故事，然後與他人交流的氣氛就會很好。看到這裡，我就在想爲什麼我不可以這樣做呢？」

毛豆雖然找到了改變會議氣場沉悶的方法，可是他還是不明白，爲什麼講故事的效果要比講話好很多呢？

講故事使得氣場之間產生共鳴，這一點在很多人的時候也同樣有效，只不過效果沒有那麼明顯而已。在開會的時候，參與會議的人們進行交流形成團隊氣場。開會時會講到很多具體的問題，比如獎勵、懲罰、批評、讚揚，等等，這些問題都會影響氣場能量之間的交流，也就是說在開會之前，每個人的氣場能量都會因爲保護自己而存在於身體周圍，同時也沒有太多的欲望去與他人氣場進行交流。因此，這些人之間所形成的團隊氣場是微弱的、無力的，團隊氣場的微弱和無力反過來又讓個人氣場的自我保護意識增強，氣場之間的隔閡增大。

在會議開始前或者在會議過程中講故事，可以有效的解決這個問題。講故事有兩個好處：第一，氣場能量的活躍程度提高，在聽故事時，氣場能量會發生相應變化，被動的提升了能量的活躍；第二，個人氣場之間會出現共鳴，出現共鳴後的氣場能量會增加交流的需要，消除人與人之間的隔閡。

在這個過程中，故事的選取十分重要。首先，不能選擇過於詼諧的故事。過於詼諧的故事會影響會議的嚴肅性，而且還會讓會議參與者的能量的活躍度提升過高，影響到有品質的交流。其次，不能選不合時宜的故事。故事至少要符合會議的主題或者接近會議的主題，這樣故事才能達到最好的作用。不合時宜的故事則會影響個人氣場與會議氣場的一致。再次，故事形成的氣場共鳴很可能因爲背景的轉換而迅速發生變化。最後，不要爲了講故事而講故事，這樣的故事會顯得生硬乾澀，不但無法達到正面的效果，反而還會讓聽故事的人感覺到講故事人的目的性而提高警惕，更不利於氣場之間的交流。

**【毛豆筆記】**

團隊氣場會受到所處環境的影響。在會議中，個人氣場很容易收縮，導致團隊氣場沉悶。處於娛樂當中，個人氣場就很容易擴張，帶動團隊氣場活躍。我們可以透過改變團隊氣場所處環境來改變團隊氣場的狀態。

在很多時候，名人故事是非常好的選擇。

## 危急關頭，用強大氣場穩住局勢

團隊氣場並不是個人氣場的簡單相加，而是個人氣場以一種更加複雜的方式形成的集體氣場。團隊氣場既會受到個人氣場的影響，也會反過來影響個人氣場。團隊氣場與個人氣場之間的相互影響不僅僅包含正面的影響，負面的影響同樣也會形成作用。

經過很長時間的磨合，李恩威所率領的團隊十分穩定、團結，這在給他們帶來優勢的同時，也讓他們爲犯下的錯誤付出了沉痛的代價。前不久，李恩威曾經在與日本供應商的談判中簽訂了一個不利於S公司的協定，隨著這份協定的不斷進行，越來越多的供應商要求擁有同樣的地位，這對S公司尤其是李恩威所在的部門影響非常大，甚至有傳言說公司會因爲李恩威這一「愚蠢透頂」的決定，裁掉整個部門來縮小協議的影響。

如此一來，包括毛豆在內的整個李恩威團隊都受到了極大的影響，大家的積極性都受到了巨大的打擊。即使找到了優質的客戶，也會因爲之前的協議讓自己和部門的收益降低很多，不僅如此，多拿到一些訂單反而會讓公司的平均利潤率降低。沒有人願意積極工作，整個部門都處於失望和迷茫之中，李恩威也爲自己的愚蠢感到後悔不已。

這時，一個人的到來改變了這一切，他是李恩威原來的主管，現在是公司的高層。他聽說自己的得意手下面臨如此難題，打算伸出援助之手。他來了以後只做了一件事情，那就是清潔。他帶著李恩威將辦公室徹底清潔了一遍，李恩威剛開始不明白，這個人的一句話點醒了李恩威：「無論怎樣，明天都是新的一天。」

這個人雖然沒有做什麼，卻改變了整個團隊。在接下來的幾天裡，不論是李恩威還是毛豆精神面貌都有好轉，部門也一點一點恢復了正常。

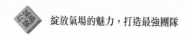

團隊和我們個人一樣，經常會遇見這樣或者那樣的問題，這時，團隊可能因爲這些問題而頹廢下去，透過團隊氣場，這種負面能量會迅速從一個人傳到其他人。負面能量會讓團隊氣場失去以前的朝氣和活力，讓團隊成員喪失奮鬥的勇氣和信心。任何一個團隊遇到了這樣的情勢，如果不能穩住局勢，就極有可能從此一蹶不振。

只有強大的氣場才能穩住團隊氣場，讓團隊中的每個人有時間去處理自身氣場中的負面能量，從而消除團隊氣場中的負面能量。強大的氣場在這裡展現出來的最重要的作用就是穩定，穩定整個局勢，不慌不亂，不被外界所影響。當危機來臨之時，大多數人都會慌亂，都會想要逃跑，這時敢於面對危機的氣場才是真正強大的氣場，也只有這種氣場能力挽狂瀾。在危機中，大多數人都會因爲失敗的打擊而頹廢、消沉，只有那些擁有真正強大氣場的人才知道如何平穩渡過危機，那就是不管外界的影響，堅持內在氣場的穩定。

如果你是團隊的領導者，在面對危機時，你應該穩定的處理每件事情，就像危機沒有發生一樣領導團隊，只有這樣才能減少外部環境對於團隊氣場的影響。

**【毛豆筆記】**

由於多人氣場能量的參與，團隊氣場相對於個人氣場來說更加不穩定，更容易受到外界的影響。在危急關頭，更要儘量避免這種影響，這需要團隊領導保持內在氣場的平和與穩定。只有當團隊中有強大的氣場坐鎮，團隊形勢才能真正穩定下來。

團隊領導者的強大氣場對穩住局勢影響最大，但其他成員也具有一定的影響。

# 無隔閡溝通的平等藝術

現在，在同一團隊中擁有不同文化背景的人越來越多，團隊中的成員可能出生在不同的年代、接受不同的教育、來自不同的地區、擁有不同的家庭背景，多樣性會讓團隊充滿生機和活力。另一方面，多樣性也會讓團隊的交流出現困難。

不同的背景讓人們對同一事件的認知和判斷出現爭執。就像毛豆和古莉莉，兩個人來自於不同的地方，對於很多物品的稱呼都不一樣，當然，這都是小事。但兩人同樣會對同一個產品的市場前景有不同的看法。毛豆認爲產品應該主要面向大城市，畢竟大城市經濟條件較好，居民有能力購買這些產品。古莉莉則認爲產品應該主要面向中小城市，雖然大城市的購買力較強，但大城市同類產品的市場已經被老對頭H公司牢牢占有了，自己公司的產品也沒有特別突出的優點，推向中小城市更有利於搶佔市場。

毛豆將這一切講給邁克爾聽的時候依然很氣憤，他覺得古莉莉什麼事情都和自己唱反調，如今成了自己的下屬依舊如此。邁克爾明白兩個人的問題就在於都太習慣於從不對等的角度出發考慮問題。

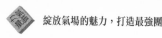

一段沉靜之後，邁克爾突然說：「那你爲什麼不從平等的角度去考慮一下這個問題呢？」

毛豆說：「從平等的角度去考慮問題，怎麼從平等的角度考慮問題啊？」

邁克熱勸道：「在與他人交流中，我們都會把自己的想法放在高於他人的位置，然後以居高臨下的角度去看待他人的觀點和看法。平等的角度就是從協力廠商的角度看待你和她的想法，平衡兩種想法之間的關係。」

在修煉氣場的過程中，很多人都會遇到這個問題，在日常生活中，遇到類似問題的人就更多了。很多人都無法理解他人的想法以及判斷，認爲他人的看法怎麼會如此離譜。事實並非如此，你的判斷出於你對於他人看法的態度，你並不是在思考他人的看法，而是在評判和修正他人的看法。

每個人都有與他人不同的獨特氣場，氣場能量的流動與他人並不完全相同。處於同一環境下的人仍然可以透過氣場瞭解他人，那是因爲在同樣的條件下氣場能量的運動方式會被同化。當我們遇到並未處於同一環境的其他能量時，自身氣場能量就需要時間適應這一切，適應他人的氣場能量，適應能量的交流和碰撞。這難免會有一些失敗的例子，就像前面的毛豆和古莉莉。

毛豆很難理解古莉莉，同樣古莉莉也很難理解毛豆。雙方都是將自己置於高於對方的位置，雙方的氣場能量並沒有處在平等的地位，氣場能量的交流自然很容易處於對立的狀態。氣場中的能量會相互碰撞，雙方相互否定，而不是進行合理交流。

在團隊中，成員與成員之間不僅需要共同的目標，還需要相互的平等交流，以及一些促進團隊交流的活動，讓團隊中的成員相互瞭解，讓他們的氣場能量不會因爲無法瞭解而出現盲目的對抗。

瞭解到這一問題的嚴重性後，毛豆迅速採取了措施，決定向古莉莉道歉。在得到了古莉莉的理解之後，他開始從協力廠商的角度去理解自己和古莉莉的建議，發現自己和古莉莉的建議都有一定的可取之處，也都有不小的不足。如果二者合併，方案就會完美得多。

【毛豆筆記】

團隊成員會因為對自身的過度重視而造成氣場交流的不平等，相互之間出現一些鬥爭和矛盾，想要解決這樣的難題需要雙方的共同努力。學會以協力廠商的身份去看問題，主動瞭解他人的能量變化和原因，久而久之，交流的阻礙就會被清除。

在團隊溝通中，營造平等交流的氛圍會讓團隊成員的氣場交流更加通暢。

## 清除團隊氣場「黑三角」：嫉妒、懶惰、消極

並不是所有的團隊氣場都是完美的，事實上，大多數團隊氣場都有各自的問題。一些團隊氣場過於活躍，一些團隊氣場過於沉悶，不過相對來說，這些問題都是一些無傷大雅的問題。然而，有的問題則會影響到團隊氣場的根本。這些問題就是嫉妒、懶惰、消極，這三種來自於團隊中個人的氣場能量。如果這三種能量成爲團隊氣場的主要能量，那麼整個團隊都會受到嚴重的影響。接下來，以三個人爲例講述一下這三種能量對於團隊氣場的影響。

第一個人，李恩威。李恩威所擁有的負面能量是嫉妒，他的嫉妒表現在很多方面，比如當其他部門業績超過自己時，他就會喪失常態，與其他部門發生爭執和衝突。嫉妒是一種非常強大的負面能量，這種能量的產生來自於個人對於他人的嫉妒。當嫉妒能量進入個人的氣場中，它的特點就開始展現出來。首先，嫉妒能量是一種「欺硬屑軟」的能量，它喜歡挑戰比自身更強大的氣場，而不屑於那些弱小的氣場。所以，嫉妒能量有時會產生一定的正面效

果，比如激發人們上進。

其次，嫉妒能量的表現形式是多種多樣的，當一個人嫉妒他人時，嫉妒能量對於他人的氣場可能有多種方式，或對抗或聯合，但無論是哪一種方式，其最終目的都是比對方更強。

最後，嫉妒能量是一種不易被察覺的能量。當氣場中擁有嫉妒能量時，我們自身是很難察覺到的，甚至我們很多的氣場變化都會被自身氣場當做正常的變化。

當團隊中的個體擁有嫉妒能量時，比如李恩威，團隊氣場就會變得相當不穩定，時而激進、時而保守，團隊氣場最終會因爲這些變化而逐漸分崩離析，形成一個個小型內部氣場來代替大的團隊氣場。

第二個人，古莉莉。古莉莉所擁有的負面能量是懶惰，古莉莉的懶惰主要表現在讓毛豆替自己完成很多應該自己完成的工作。懶惰能量一般表現在依賴別人方面，習慣於在一個較小的圈子中生存，不求進取。在團隊中，懶惰能量的影響主要表現爲兩種。第一種，個人影響。個人的懶惰能量會影響到其他人的生活，讓他人替自己完成很多本該由自己完成的任務。他人就會因爲這種不和諧的人際關係而受到影響，就像毛豆對古莉莉的看法。第二種，團隊影響。個人的懶惰能量被團隊氣場認可或者接受以後，團隊中的他人就會覺得不公平，進而也會滋生自身的懶惰能量，整個團隊都會變得懶惰，最終團隊難以完成指定的任務，被迫解散。

第三個人，老貝。老貝所擁有的負面能量是消極，老貝的消極主要表現在工作上不求積極進取，看待事物時多採取悲觀的態度，否定新的想法和看法。消極能量一般來自於遭受到重大打擊的內心，也有可能是日常習慣的逐漸積累。消極能量對於團隊的影響非常明顯，當團隊中有一個比較消極的人時，整個團隊就會逐漸變得消極。因爲團隊氣場中的積極能量就像是逆水行舟，不進則退，當人們不再積極追求時，消極就會很快將他們佔領。團隊氣場的消極能量並不會有什麼破壞性的影響，但團隊的活力和潛力會因爲消極能量而消失殆盡。

團隊氣場中一定要注意這樣的人，也要注意這樣的能量。時時注意團隊氣場的變化，有助於有效的發揮團隊氣場的作用。

**【毛豆筆記】**

團隊氣場中無論是正面能量還是負面能量都是來自於個人氣場，所以在招聘時，任何團隊都要考慮這個人對於團隊氣場有什麼影響。如果是具有嫉妒、懶惰、消極氣場能量的人就應該慎重考慮。

消除團隊氣場交流阻礙的關鍵是注重團隊中每一個成員的作用。

找到方法，路就會變短。

# 第四章

## 吸引力
## 讓愛情地老天荒

是勞燕分飛，還是天長地久？
愛情的秘密就存在於雙方的氣場之中。

如果兩個人的氣場相互吸引，雙方就會墮入愛河；
如果兩個人的氣場相互對抗，雙方就會分道揚鑣。

在愛情的課堂上，每個人都是學生，了解氣場，掌握氣場之間的吸引力，
不僅會幫助你尋找到一生的真愛，而且會讓這份愛陪你到地老天荒。

# 積極主動俘獲她的芳心

結婚多年後的一個夏夜，毛豆問樂樂：「當初，爲什麼我追了你那麼久你才答應？」

樂樂想了半天，疑惑的問道：「你那時真的追過我嗎？」

毛豆暈倒。

時間退回到現在，孤身一人的毛豆依舊苦惱不堪。「四千萬事件」發生以後，毛豆就再也沒有見過樂樂，整天被單相思折磨的毛豆讓邁克爾都看不下去了。

「毛豆，你就不能再主動一點兒嗎？」邁克爾問道。

「我已經很主動了，可是她不理我，我有什麼辦法？」毛豆有氣無力的回答說。

「可是你總不能什麼也不做啊！」

「那我應該做些什麼呢？」說這句話的時候，毛豆更像是在自言自語。

邁克爾對於此時的毛豆也無能爲力，因爲在毛豆的心裡，雖然很想做點什麼，可是又害怕被樂樂拒絕，最終什麼也不去做。

在我們的身邊也有很多類似的事情，「愛你在心口難開」。

然而，不論有多難開口，如果你不開口，你的愛情就永遠不會有進展。面對愛情，每個人都應該主動一點，因爲主動會爲你帶來對方的回應。

相愛的兩個人總會感受到對方對於自己的吸引，這種吸引來自於雙方氣場能量的相互吸引，而主動則可以讓氣場能量的吸引力達到最強。氣場能量會受到自身的影響，當你主動追求的時候，氣場能量就會隨著你的信心和意志力的增強而逐漸增多。能量具有吸引相同或者類似的能量的作用，當你的氣場能量不斷增多的時候，你就會吸取更多的能量，從而增強對大多數人的吸引力。

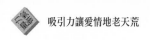

不過，更多的人包括毛豆在內更關注的是自己究竟應該如何主動，才能巧妙的俘獲芳心。爲此，你需要瞭解主動的四個境界。

第一境界，無準備主動。玩過真心話大冒險吧？類似於在大街上隨便拉一個人對她說「我愛你」，這種情況的主動就叫做無準備主動。這時，你可能除了她長得怎麼樣以外其他什麼都不知道，然後就向對方表白。這種主動對一定的異性還是會得到作用的，因爲在她們眼裡，你可能非常直接，有些人可能就喜歡很直接的人。

第二境界，逆向主動。有一些人雖然不敢表白，但或多或少的總曾暗示過別人。只要你的訊息不是特別隱晦，對方多半也會明白你的心思。如果對方也有同樣的心思，可能會替你主動一次。雖然這種方法太過隱晦，但也是主動中的一種。

第三境界，有準備主動。有準備主動是最常被使用的方法，有準備主動很複雜，需要最初的資料收集，比如對方喜歡什麼花、喜歡什麼樣的異性、有什麼忌諱，等等。之後的資料分析、收集只是初步，只有透過分析才能真正的瞭解這個人。再之後的詳細計畫，表白很簡單嗎？很簡單，張嘴就可以了。表白很複雜嗎？想讓對方感動得一塌糊塗還是需要一定的計畫的。最後，就是行動了。

第四境界，時刻主動。兩個人本來就走得很近，然後不知爲何突然就在一起了，這就是所謂的「日久生情」。日久生情的最大特點就是將語言化爲行動，語言很容易迷惑別人，所以行動更容易讓人相信。

無論是哪一種，都要讓對方感受到你的主動，只有這樣的主動才是有效果的，像毛豆那樣的做法只能算是悲劇了。

【毛豆筆記】

在愛情中，每個人都應該主動，因為你的主動會讓你的氣場變得更強大，更加吸引對方。另外，不同的人會受到不同的氣場能量吸引，找到吸引對方的氣場能量也很重要。

無論如何，心動不如馬上行動。

# 提升對方好感的妙招

經過眾多人長時間的催促，毛豆終於下定決心努力去爭取樂樂。雖然鬥志滿滿，可是毛豆依舊不知道接下來該怎麼做。他也不想去找邁克爾，因爲他希望這樣的事情還是自己多思考一些比較好。苦思冥想也不得結果之後，毛豆覺得應該去圖書館尋求一些幫助。

來到圖書館之後不久，毛豆就翻到了一本教人戀愛的書。書裡面的戀愛專家指導像毛豆這樣的人應該爛纏爛打，打持久戰，一天不行兩天，兩天不行三天……在這本書的最後，作者還寫了一句非常鼓舞人心的話：「孫悟空等了唐僧五百年，最終修成正果。只要願意等五百年，你也會成功。」

回到家準備好如此行動的毛豆被邁克爾叫住了，毛豆只好把自己的想法告訴了邁克爾。

邁克爾說：「你以爲樂樂是唐僧啊，可以等你五百年啊！」

毛豆問道：「那我該怎麼辦？」

邁克爾回答道：「爛纏爛打這招不是不可以，只是你不能這麼用。你應該運用你自身的氣場能量來暗示樂樂，讓她認爲她對你有好感。」

毛豆又一次被邁克爾震撼了，只能洗耳恭聽邁克爾的妙招。

邁克爾的方法來自於一個理論，那就是每個人的氣場會與他人氣場保持一定的距離，這個距離會依據這兩個人的關係而定。比如像李恩威和傑克這種敵對的人物，他們需要保持的距離就比較遠，只要略一接近，自身氣場就會迅速感覺到危險。如果兩個人關係很親密，那麼兩個人氣場之間的距離就會相應縮小。如果是一對情侶，兩個人氣場之間需要保持的距離將會非常小。然而，我們的氣場並沒有敏感到可以區分出細微的距離變化。

對於關係比較好的人也同樣如此，想讓對方的氣場對自己的安全距離從朋友到戀人的改變是非常困難的，但從普通朋友到好一點的朋友，氣場很難區分開來。所以，你可以不斷的去試探對方想要保持的安全距離，並且逐漸縮小對方對於自己的安全距離。同時，隨著他人對於你的安全距離不斷縮小，氣場就會暗示對方你們之間的關係已經改變，從另外一個角度暗示對方他對你有好感。

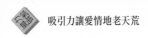

在實施這套方法的時候，有幾個問題需要注意。第一，不要操之過急。過快的變化很容易讓對方警覺，你之前的努力也會付之東流。第二，懂得什麼時候前進，什麼時候後退。這種方法是一個長期的過程，也不是一帆風順的。你與對方的關係可能會出現一些這樣或者那樣的波折，你可以不在該前進的時候前進，但一定要在該後退的時候後退。第三，氣場能量不要過於主動。如果過於主動很容易被對方判斷出你是有所求的，從而影響到你的計畫。

毛豆正準備按照這套方案執行的時候，邁克爾再次把他叫住了。

「雖然這套戰術很有用，但這套戰術並不適合你，因為樂樂現在已經快把你當敵人了。，你應該先讓樂樂重新把你當成朋友。」

毛豆不高興的說：「那你為什麼還要告訴我？」

「如果我不告訴你，而你又用了爛纏爛打，樂樂就極有可能化身古莉莉，把你捉弄得很慘。」

毛豆不禁冷汗直流，如果沒有邁克爾阻止自己，自己直接找樂樂，樂樂會不會……

不久之後，樂樂終於答應了毛豆成為他的女朋友，至於其中的過程，兩位當事人表示無可奉告。

【毛豆筆記】

自身氣場與他人氣場之間存在安全距離，當他人進入自身氣場設定的安全距離時，氣場就會感到危險，產生警覺，收縮氣場。與你關係不同的人，氣場設定的安全距離不同。另外，不同性格的人設定的安全距離也會有所差別。

距離產生美，可是，有些時候距離太遠了，感情就沒了。

# 談戀愛不宜操之過急

一場婚禮正在舉行。

一位長者問：「樂樂，你願意嫁給毛豆嗎？」

樂樂回答說：「我願意。」

長者又對著毛豆說：「毛豆，你願意娶樂樂嗎？」

毛豆面無表情的看著長者和樂樂，完全不知道自己的處境。

不久之後，他發現自己在床上，自言自語的說：「還好，只是一場夢。」說完又愣在那裡。

毛豆將心中的疑問告訴了邁克爾，希望邁克爾能夠建議自己該怎麼做。原來，毛豆的父母要來看他，順便看看兒子的女朋友。毛豆一口答應，和樂樂也說好了。不過，做了這個夢之後，毛豆卻發現自己從來沒有想過將來會是什麼樣子，這個夢嚇壞了毛豆。

看著不解的毛豆，邁克爾說：「其實，你並不知道自己和樂樂的關係到哪一步了，所以，你的夢告訴你：你和樂樂還沒有走到見父母的那一步。」

毛豆問道：「那我爲什麼會答應我的父母呢？」

邁克爾說：「那是因爲你從來沒有想過這個問題，你父母要求了，你覺得沒什麼就答應了，但你還是發現了這個問題，所以，你做了夢。」

在今天，「閃婚」已經不是一個新鮮名詞了。不少男女之間一見傾心，迅速的建立了家庭。不久之後，「閃婚」的一些人又會發現原來和對方結婚是一個錯誤，於是，又「閃離」了。很多人不理解爲什麼當初好好的，在一起之後就會出現各式各樣的問題。

出現這種情況的原因有很多，比如正處於感情「空窗期」，忽然來了一個人剛好很適合你，一切都是美好的。直到結婚以後，幻想破滅，才發現原來根本不是那麼一回事，其中最主要的原因是雙方的氣場還沒有磨合好。

氣場的重要功能之一就是保護自己的安全。結婚後，兩個人的氣場接觸增多，產生問題的可能性也增大，對方的氣場感受到危險的可能性同樣會增大。在結婚之前，兩個人的氣場必須非常熟悉，以減弱自身氣場對對方的傷害。因爲，結婚以後決定雙方是否可以幸福相處的是雙方的氣場，我們需要給雙方的氣場一點時間，能夠相互融洽地相處，沒有強大的攻擊力，也沒有過度的保護。

另外，「閃婚」的雙方多半對他人並沒有太多的瞭解，所依據的大多只是對方的介紹。在這之中對方極有可能是在欺騙你，如果相處時間較長，氣場就會幫助你瞭解對方說的是真是假，保護你自己不受傷害。如果時間過短，氣場很難反應過來，也就很難幫助你判斷誰在欺騙你。

邁克爾並不提倡「閃婚」，他認爲愛情或者婚姻應該由雙方的氣場決定，而不是由容易發熱的大腦決定。等經過一段時間的接觸與磨合後，氣場自然會告訴你一切，就像那個夢告訴毛豆不要操之過急一樣。

【毛豆筆記】

隨著接觸的增加，雙方的氣場能量可以更好的與對方交流，也可以更瞭解對方。任何接觸都是需要時間的，對於感情，操之過急會遇到很多意想不到的問題。

愛情是一個過程，需要一步一步慢慢來。

# 打造持久相吸的愛情氣場

于晉郭很少獨自來找毛豆，這次他沒有聯絡薩銳一起來，毛豆就知道肯定有事情發生了。

原來，于晉郭的女友和他分手了。他不知道爲什麼，不明白發生了什麼事，女友只是淡淡的說了句，分手吧！于晉郭甚至不知道自己錯在哪裡，不知道在一起七年爲什麼要分開。

在旁邊一直靜靜聽著毛豆與于晉郭對話的邁克爾突然說：「或許，我知道原因吧！」

于晉郭忙問是什麼，毛豆則在心裡暗自埋怨邁克爾，因爲無論邁克爾說什麼都會刺激到他的。

邁克爾卻知道長痛不如短痛，與其讓于晉郭這樣痛苦，不如告訴他。邁克爾的回答很簡單：「疲憊了吧！」

于晉郭又問爲什麼疲憊了，爲什麼她會疲憊了。邁克爾沒有再說什麼，如果再說可能真的就會傷害他了，畢竟現在的于晉郭非常脆弱。

兩個人的相愛是由於氣場之間的互相吸引，這要比「同性相吸，異性相斥」複雜得多。兩個氣場不僅要擁有大量的相同能量，還要有一部分的不同能量，只有這樣兩個氣場的吸引才能持久。若沒有了不同能量，雙方的氣場在互相吸引的同時，也被其他氣場吸引，這樣形成的就是友情，而不是愛情。愛情中一定要有一些不同能量，這些不同能量調節著雙方關係的遠近，氣場的吸引與排斥讓愛情不像友情那樣簡單、那樣單純。

隨著雙方的長時間接觸，氣場能量會不斷的交流互換，這將會導致雙方的氣場中存在很多相同的能量，最終相同能量會佔據大多數。當氣場之間調節吸引和排斥的不同能量逐漸消失時，雙方的氣場吸引力就會發生改變，不再是愛情的吸引，而逐漸轉換成友情的吸引。無論多久，當雙方的吸引力消失時，雙方也就離分開不遠了。

想要避免于晉郭這樣的事情發生，我們就要讓對方的氣場感受到自身氣場中還有和對方能量不同的能量存在。真正存在與否並不重要，只要對方氣場認定這種不同能量的存在，雙方氣場之間的吸引力就會依舊存在。我們有兩種方法可以做到這一點：第一，保持神秘感。

讓對方永遠無法看透我們自己的一部分，這一部分就會成爲對方氣場所無法認知的不同能量，氣場之間的吸引力依舊存在。第二，製造一些不同能量。製造與他人不同的能量是一件很容易的事情，只要你願意做一些與對方不同的事情。你應該學會避免和對方最後變成一對「雙胞胎」，做一些對方不會做的事情，保留一點只屬於自己的回憶，這些都會增加你對對方氣場的吸引。

當然，你需要掌控好分寸的問題。一旦你們之間的不同能量超越了相同能量，那你們之間的氣場吸引力便會變爲斥力。

【毛豆筆記】

愛情氣場中的吸引需要不同能量的存在，當不同能量消失以後，雙方之間的感情就會從愛情變成友情。

保留一些秘密可以讓愛情的吸引力更持久。

# 愛她／他，就要充分尊重她／他

「你擇偶的第一標準是什麼？」樂樂在不經意間問毛豆。

毛豆不知道該如何回答，只好說：「我不知道，那你呢？」

接著，樂樂就像排演了無數遍似的說：「要長得帥，要有才華，最好再有點錢……」

毛豆並沒有仔細去聽樂樂究竟在說什麼，而是在想他自己的擇偶標準究竟是什麼。

毛豆的擇偶標準是隨著時間在不斷變化的，以前和于晉郭、薩銳在一起聊天的時候聊過很多次這個話題，只不過得出的標準一直都在變，從來沒有穩定過。毛豆忽然想，如果把過去的所有擇偶標準總結在一起，或許能夠發現自己的擇偶標準究竟是什麼。

正在這時，樂樂已經看出了毛豆在胡思亂想，她忽然趴在毛豆的耳邊說：「後來，我發現我過去挑的這些擇偶標準都不很好。直到後來，我才明白，原來我的擇偶標準是尊重。我希望他尊重我，尊重我的胡思亂想，尊重我的膽小懦弱，尊重我的開心眼淚。因爲我知道，如果沒有了尊重，其他的什麼都沒有了。」

毛豆瞬間愣在那裡，不知道該說什麼好，他隱隱感覺到樂樂所說的就是自己所想的，是的，尊重。如果沒有了尊重，其他什麼都沒有了。

這一點在氣場的表現上非常明顯，只有在雙方互相尊重的時候，能量才能平等交換。當一方不尊重另一方的時候，他的氣場能量就會與他人的氣場能量相互排斥，互相都不能讓能量進入對方的氣場，因爲雙方的氣場是不對等的。

尊重在愛情中的作用的最爲明顯，愛情是雙方氣場的相互吸引，這種吸引是建立在相互尊重的前提下的。如果雙方不尊重對方，那麼雙方氣場能量也就不能交流，最後雙方氣場之間的吸引力就會喪失掉。在相互尊重時，雙方的能量可以自由交流，可以理解對方，支持對方。

尊重並不是一種表面功夫，而是來自於內心的平等觀念。想要真正的尊重對方，我們需要做到以下幾點：

第一，尊重不是光用嘴說的。不是說「我尊重你」就表示尊重對方，尊重是一種實際行動，只有透過行動才能真正的展現出來。

第二，尊重不是有所求。尊重對方不是爲了對方回饋給自己什麼，而是一種發自內心的情感的表現。

第三，尊重並不一定要很大，一點一滴都可以表現出一個人對於他人的尊重。

毛豆想通了尊重以後，又回到了那個問題：自己的擇偶標準是什麼。想了想之後，毛豆發現，擇偶標準這種東西是無所謂有，無所謂無的。因爲不管你定下的擇偶標準是什麼，當你遇到了那個與你氣場相吸的人時，什麼樣的擇偶標準都會拋之腦後了。

【毛豆筆記】

尊重對方是戀愛雙方進行氣場接觸的重要前提，尊重對方的同時也會增強自身感受對方氣場的能力，增進雙方氣場之間的交流，同時增進雙方的感情。

只有彼此尊重，氣場之間的吸引力才會長久。

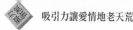

## 維繫感情的重要途徑——忍讓

感情的蜜月期似乎過得很快，毛豆和樂樂吵架了，吵架的原因是毛豆應不應該每天接樂樂下班。毛豆認爲，他和樂樂都屬於理智健全的成年人，並沒有法律規定男朋友一定要接女朋友下班。樂樂則認爲，雖然毛豆和她都屬於理智健全的成年人，但是毛豆是男人，樂樂是女人。身爲男人，毛豆就應該懂得愛護自己的女朋友。

兩個人爭吵不休，最後只好找邁克爾來評斷。邁克爾明白愛情本就沒有太多講理的地方，而且他處在這樣的位置實在不合適，既不能各打五十大板，也不能偏袒哪一方。

在被毛豆和樂樂盯了好久以後，邁克爾拿起桌子上的手機輕輕的砸了一下桌子，說：「現在休庭，明天再審。」等到樂樂有些不開心的走了以後，邁克爾才對毛豆說：「你應該讓一讓她啊！」毛豆說：「那爲什麼不是她讓我呢？」

邁克爾沒有說「因爲她是女生」，這本就不是一個合適的理由。於是，邁克爾想到了另外一個辦法，他對毛豆說：「毛豆，我給你講個故事。」

清朝康熙年間，張英是文華殿大學士、禮部尚書，老家桐城的老宅與吳家爲鄰，兩家府邸之間有個空地，供雙方來往交通使用。後來鄰居吳家建房，要佔用這塊地，張家不同意，雙方將官司打到縣衙門。縣官考慮雙方都是官位顯赫、名門望族，不敢輕易了斷。在這期間，張家人寫了一封信，給在北京當大官的張英，要求張英出面干涉此事。張英收到信件後，認爲應該鄰里謙讓，便在給家裡的回信中寫了四句話：「千里修書只爲牆，讓他三尺又何妨？萬里長城今猶在，不見當年秦始皇。」家人閱罷，明白了其中意思，主動讓出三尺空地。吳家見狀，深受感動，也主動讓出三尺，這樣就形成了一個六尺的巷子。

毛豆說：「你講的是六尺巷的故事，我知道；你要我讓她，我也知道；可是，我爲什麼要讓她啊？」

邁克爾說：「給你講這個故事並不是要告訴你忍讓。而恰恰相反，你有沒有想過如果沒有那封家書，張英仗勢欺人，雙方會怎麼樣呢？」

毛豆想了想，回答說：「兩家可能會因此起了爭端，然後出現各式各樣的問題。」

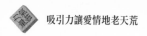

邁克爾接過來說：「最後關係破裂，你有沒有想過你和樂樂再爭執下去會不會是這樣的結果。」

毛豆不說話了，陷入了沉思。

在愛情中，雙方的氣場就像是張家和吳家的土地一樣，當兩個人不斷向前爭取自己的利益時，氣場之間的距離就會越來越短，直到相撞，引起嚴重的後果。這時，並不需要兩個人都向後退一步，只要一個人向後退一步，這種情況就會有所好轉。主動退讓是爲了避免以後有更大的衝突，互不退讓只會兩敗俱傷。

【毛豆筆記】

戀愛是一個過程，雙方氣場交鋒往往是不可避免的，這並不要緊，重要的是交鋒的兩個人之中要有一個人懂得讓步。如果兩個人都只懂得向前，那麼離分手就不遠了。

退一步海闊天空，忍一時風平浪靜。

# 第五章

## 喚醒潛藏在大腦深處的財富能量場

金錢對生活的重要性毋庸置疑，
我們每個人幾乎每天都會產生對金錢的渴求。

你一定很想知道，為什麼有些人富有，而有些人卻很貧窮。
其實，開啟財富之門的鑰匙就是我們的財富氣場。

如果你擁有強大的財富氣場，金錢就會受到你強大氣場的吸引來到你身邊。
而如何擁有強大的財富氣場，就要從我們神奇的大腦說起。

# 寫下你的訂單

很多人可能都曾想過天上掉餡餅的事情，但很少會想天上會掉什麼樣的餡餅，或者餡餅掉在哪裡，正如我們訂外賣的時候都需要塡寫訂單一樣，如果沒有訂單，送餐的人員便不能將飯菜準確無誤地送達。試想，如果你不爲自己的夢想塡寫訂單，上天又如何能把你想要的東西送給你呢？

邁克爾正在教毛豆擁有財富的第一招：你要渴望財富。

毛豆對此表示很不理解，毛豆說：「我的確想擁有財富啊，每時每刻、每分每秒都在想怎麼才能讓自己更富裕一些。」

邁克爾說：「你真的確定自己想過嗎？」

毛豆很肯定的點了點頭。

邁克爾說：「那我們來做一個實驗吧，你讀一讀這個故事。」

富翁在岸邊散步，看到一個曬太陽的漁夫，就對漁夫說：「今天天氣很好，爲什麼不出去打魚啊！」

漁夫悠閒的回答道：「我今天已經打到足夠我吃的魚了。」

富翁又對漁夫說：「那你爲什麼不趁著這麼好的天氣多打一點，這樣你就可以換一條更好的船了。」

漁夫不解的問：「換更好的船有什麼用啊？」

富翁說：「這樣你就可以打到更多的魚，然後開一家工廠，賺到更多的錢。」在富翁的眼前出現了一幅波瀾壯闊的奮鬥畫面。

漁夫又問：「賺那麼多的錢幹什麼？」

富翁說：「那樣你就可以悠閒的曬太陽了。」

漁夫笑著說：「我現在不就已經這麼做了嗎？」

毛豆很快讀完了故事，邁克爾問：「你覺得那個漁夫的想法怎麼樣？」

毛豆想了想，回答說：「他很聰明啊！的確，他已經在悠閒的曬太陽了。」

邁克爾說：「這就是你的問題所在。我所講的對財富的渴望是一種接近於無限的渴望，不是停留於現在，而是不斷的向前。當你渴望五百萬的時候，那麼你的財富最終會定格在五百萬，或者少於五百萬。氣場的能量的確可以讓你心想事成，但它並不能爲你得到更多。」

邁克爾所說的正是毛豆和其他很多人的問題所在，他們渴望更多的財富，希望過更好的生活，但當他們身處在很不錯的環境中時，他們就會停止對財富的渴望。這樣的心態形成的氣場最終會限制這個人的氣場能量，讓他無法擁有更多的財富。

你擁有多少財富是由你的氣場決定的，而氣場會受到你的思維的影響，所以，想要擁有財富，首先要解開自己的思維，無限的渴望，讓自己的大腦快速運轉，以塑造出更強大的財富氣場。千萬不要像故事中的漁夫那樣，每天安心舒適的曬著太陽就足夠了。要知道，即使此刻很悠閒，漁夫依舊會面臨著一些問題比如他明天出海可能一無所獲，後天出海可能也一無所獲，逐漸漁夫就會喪失自己目前擁有的生活，每天爲錢財奔波苦惱。與其最後不得不爲錢財奔波，還不如在開始的時候就強大的財富氣場來吸引更多的財富。

所以，富翁和漁夫的區別就在於兩人財富氣場的不同。富翁的財富氣場是不斷渴望更多的財富——明天的、未來的；漁夫的財富氣場則是始終停留在安逸的現狀——今天的、現在的。也許富翁在追求財富的過程中會很疲憊，但是當他真正追求到財富的時候，舒適的生活也將隨之而來。

像毛豆這樣的奮鬥族，不管眼下的生活舒適與否，都要增強自己的財富氣場，寫下自己的財富訂單，並爲之不懈努力。做到這些，不久之後，財富自然就能找到你了。

【毛豆筆記】

我們不必出生在富貴之家，不必在學校名列前茅，不必指望繼承大筆的遺產，如果擁有強大的財富氣場，就擁有吸引財富的力量。當然，還需要注意的是，虛無縹緲的幻想並不會為你帶來財富，切實的渴望才會為你帶來更多的財富。

要記住，這個世界的財富是無限的，只有你想要，才可能最終擁有。

# 讓夢想財富的大腦高速運轉

瞭解氣場能量可以吸引更多財富之後，毛豆每天都注重氣場修煉，以求增強自己的氣場來讓自己吸引更多的財富。可是，修煉了很久後，毛豆覺得除了自己的身體更健康、氣場更強大之外，沒有任何的效果。

邁克爾聽完了毛豆的講述之後，笑了起來，說：「強大氣場的確可以吸引更多財富，但並不是透過一般修煉就可以創造吸引財富的能量。」

毛豆說：「那怎麼做才能創造更多的財富能量？」

「這要從氣場的構成開始說起，人體氣場中有一部分非常重要，就是我們的大腦。大腦可以製造比其他身體部分多很多倍的財富能量。」邁克爾一邊說，一邊讓毛豆看一張照片，照片上的人是著名的物理學家霍金。

邁克爾問：「你覺得霍金的氣場強大嗎？」

毛豆仔細看了看照片上的霍金，搖了搖頭。

「這是因為我們一般很難看到或者感受到他人大腦創造的能量，世界上的很多富翁在他人面前沒有展現出強大的氣場也是這個原因。但處於高速運轉中的大腦確實可以創造出更多的財富能量。」

實際上，邁克爾並沒有告訴毛豆為什麼大腦可以創造出更多的財富能量，因為財富能量本身就是一個相對的概念。能量可以吸引相同或者相近的物質，財富能量也可以吸引相同或者相近的物質，但判斷一種能量是不是財富能量的根據是它吸引的物質有多少價值，或者說能賣多少錢。在當今社會，知識和創意是可以獲取更多的價值的，而大腦中的知識和創意最多，大腦也就可以創造更多的財富能量了。

不過，邁克爾卻告訴了毛豆一些讓自己的大腦更加強大的方法。

第一，突破直線思維。大腦更傾向於直線思維，並且隨著不斷訓練，大腦更容易陷入直線思維中。這種「因為……所以」的關係會限制大腦的運轉速度，同時限制大腦的思考範圍，限制大腦中知識的更新，最終阻礙大腦產生更多的能量。所以，我們一定要學會突破直線思維，在做一件事情的時候，學會將思維發散和輻射，多想一想爲什麼會有這樣的方法，以及有沒有其他的方法。突破了直線思維後，大腦運轉速度就會提高，氣場能量就會強大起來，才可能製造出更多的財富能量。

第二，學會專注。我們生活於一個知識爆炸的年代，想要精通所有的方面基本上是不可能的。將自己的精力花費在過多的方面會讓我們無法擁有較強的氣場，因爲不同的事情或者不同的學科訓練會形成彼此衝突或者對立的能量。以霍金爲例，我們雖然無法感受到霍金的能量氣場，但是在讀他的一些作品時，我們可以感受到他對物理的深度理解和解析。這些不是淺嘗輒止所能做到的，而且如果霍金同時從事很多其他的專業，那麼相信他是不會有今天的成就的。

第三，注意休息。大腦的運轉會消耗身體過多的營養，而且隨著大腦運轉的時間增加，思維不但不會更清晰，反而會越來越模糊。長時間讓大腦處於高強度的狀態會讓大腦吃不消，也會對大腦產生一定的負面影響。所以，我們應該多多注意大腦的健康，讓大腦可以在我們最需要的時候發揮出最大的作用。

相對於身體的其他部分來說，大腦更加複雜和難以控制。但在知識經濟的時代，大腦能否高速運轉卻決定了我們是否能夠擁有更多的財富能量，是否能吸引更多的財富。所以，如果想擁有財富，你就要學會讓自己的大腦高速運轉起來。

【毛豆筆記】

人體氣場是由不同部分組成的，其中大腦可以創造更多的財富能量。讓大腦更強大的方法雖然有很多，但是我們一定要注意採取合理有效的措施，否則不僅不會讓我們擁有更多的財富能量，還會令大腦受到傷害。

我們需要找到讓大腦發揮最強作用的方法，這樣才會事半功倍。

## 擁有財富氣場也要保持理性

什麼時候你感覺最順利，一般來說，肯定是情場得意，職場也得意的時候。那什麼時候你感覺最不順呢？是情場失意，職場也失意的時候？不對，是你情場得意，職場失意的時候。

可憐的毛豆現在正處於這樣的階段：在經歷了一些小的波折後，毛豆和樂樂的感情非常穩定。毛豆的工作雖然有一定的好轉，但還是承受著極大的壓力。一方面，情場得意增加了不小的開支；另一方面，職場失意讓毛豆的收入大幅縮水。毛豆對金錢的渴望幾乎達到了有史以來的最高點，在這種情況下，毛豆決定開始一些投機性質的投資。

邁克爾瞭解了毛豆的情況以後，特意買了一本書送給毛豆，而邁克爾的目的只不過是讓毛豆讀一個和鬱金香有關的故事。

鬱金香是荷蘭的國花，也是在荷蘭歷史上令無數人傾家蕩產的「魔幻之花」。

鬱金香在傳入荷蘭之後，由於它的高貴典雅，很快受到了荷蘭人的喜愛和追捧，不斷有人用高價購買鬱金香。由於需求持續旺盛，荷蘭的鬱金香種植業逐漸發展起來，然而種植業的發展卻遠遠跟不上人們對鬱金香的追求。鬱金香在市場中不斷交易，價格迅速攀升，這時一些投機者、商人也加入到販賣鬱金香的行列中。鬱金香成了當時最爲熱門的一種投機產品，一些稀有的鬱金香品種甚至與一棟別墅的價値相當，荷蘭人已經爲鬱金香瘋狂了！

越來越多的錢湧入鬱金香交易中，對於投機者來說，這樣的時代就是一場夢，投機者只需買一盆花，不用宣傳，鬱金香的價格就會瘋漲，幾天甚至幾個小時之後就可以大賺一筆。

讀完這個故事以後，毛豆果然來找邁克爾了，只不過和邁克爾想像的並不一樣。

毛豆興奮的對邁克爾說：「邁克爾，你的這本書真是太好了。你知不知道哪裡有像鬱金香投資這樣的投機投資，那個時代簡直是投機者的盛世。」

邁克爾無奈的看著毛豆，說：「在你像荷蘭人一樣爲鬱金香瘋狂前，你最好把這個故事讀完再說吧！」

毛豆聽了邁克爾的話，果然發現翻過一頁後，這個故事還有下文。

他們的理性已經完全被狂熱的投機所遮蔽了，經濟泡沫被越吹越大。最後這個泡沫終於破裂，鬱金香的價格一落千丈，甚至不及一盆普通花的價格，不少投機者爲此傾家蕩產甚至淪爲乞丐。曾經的夢境變成了投機者歷史上最大的噩夢之一。

看完這段話以後，毛豆的興奮勁一下子被澆滅了。

邁克爾對毛豆說：「擁有渴望財富的氣場能量很好，但是讓財富的氣場能量一下子變成鈔票還是需要一段時間的。你試圖追求在短時間之內擁有大量財富的急躁心態會讓你陷入那裡，並且越陷越深。」

對於很多想在短時間之內擁有更多財富的人來說，世界著名投資大師沃倫·巴菲特的兩句忠告値得謹記。第一句忠告是「在大多數人恐懼的時候貪婪，在大多數人貪婪的時候恐懼」。以荷蘭的鬱金香事件爲例，當所有人都爲鬱金香瘋狂的時候，所有人都在貪求投機鬱金香背後的財富。這種群體性的貪婪在失去控制以後，就會扭曲正常的經濟關係，而一旦市場無法承載鬱金香不斷上升的價格，鬱金香的經濟泡沫就會破裂，貪婪者們就會喪失大量的金錢。很多人貪婪是因爲背後的巨額利益，但是越來越多的人加入後，追求利益的成本也會不斷增加，最終得不償失。

第二句忠告則是「永遠不要去投資自己不懂的東西」。如果一件事情你只是貪圖利益，自己沒有去仔細研究和探索，那麼這項投資就可能會在某一時間超出你的掌控範圍，讓你為之付出巨大代價。

巴菲特有一句口頭禪說的是：「擁有一檔股票，期待它下個早晨就上漲是十分愚蠢的。」這實際上也是邁克爾教毛豆獲取財富的第二招：等待，給財富氣場一些蓄積能量的時間。

【毛豆筆記】

擁有很多的財富能量是好的，但你企圖讓這些財富能量能迅速就達到作用則是非常愚蠢的，因為氣場能量展現出它的財富吸引力需要一定的時間。對於你來說，最好的辦法是等待。如果你急於獲取利益，那麼這種急迫感會產生一定的負面能量，將你的財富能量擠出氣場。

給自己一點時間，給財富能量發揮作用積蓄一點時間。

# 學會用正面思維做選擇

你相信我們的食物增長無法滿足所有人的需要嗎？

你當然不會相信，但如果我們回到十八世紀，那個時代最偉大的人口學家之一的馬爾薩斯相信我們的食物增長，最終不能滿足人口快速度增長的需要。這一理論雖然在之後受到了廣泛的批評，但是在當時還是得到了一部分學者的支持。

事實上，今天的專家依然會得出一些在很多年後看來非常荒謬的結論，因爲沒有人可以那麼準確的預知未來。這個世界上的所有人都會犯錯誤，那麼我們該如何選擇或者用正確的觀點來迎接生活的挑戰呢？

這也是毛豆感到困惑的事情，在過去他曾經做過許多錯誤的選擇，而一些選擇他直到今天都不知道是否正確，他不清楚如果自己做錯了該怎麼辦。

想要逃離這樣的困境，我們需要用正面思維考慮問題，用積極向上、不斷向前的想法去考慮問題。正面思維就是去追求過程中的選擇對於是自己正確的，而不是去追求虛無縹緲的絕對正確。

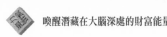

邁克爾也這樣認為，他對毛豆說：「這個事情我們完全可以從另外一個角度來看，既然所有人都會做錯事情，那麼你又何必追求絕對的正確呢？」

毛豆對此感到非常不解，問道：「那我們應該追求什麼？」

邁克爾回答說：「追求適合你自己的。你知道，你的氣場能量決定你是否擁有財富，但是氣場能量並不會判斷你的選擇是正確還是錯誤，只有你自己會判斷。你的判斷會影響你氣場能量的發揮，所以，你只要做到盡可能的讓自身財富能量更強大，並且不去懷疑就可以了。」

毛豆疑惑的問：「這樣真的可以嗎？」

這樣真的可以，聽從自己的內心，發揮自身的氣場能量，你才可能獲得更多的財富。這並不是南轅北轍，因為製造財富能量的方法有很多，只要你的選擇適合你的氣場能量就可以，即使是錯誤的道路，最終也可能取得非凡的結果。我們不妨來看看賈伯斯的經歷，賈伯斯以及他所率領的蘋果公司如今得到了廣泛的好評，大多數人都認為經過了二十多年的較量，賈伯斯和蘋果公司終於超越了自己的老對手比爾・蓋茲和他所創立的微軟公司，但實際上賈伯斯曾經犯了一個錯誤，一個影響到幾乎所有電腦公司的錯誤。當時，賈伯斯和自己的搭檔沃茲尼艾克共同研製出了第一台蘋果電腦。在這之後，不少公司開始建立自己的電腦部門，以期搶佔這一新興市場。但是當時除了比爾・蓋茲，大多數公司更注重硬體設備，認為硬體可以獲得更多的利益。比爾・蓋茲看到了軟體的商機，然而他的最大對手就是賈伯斯，蘋果公司已經研製出了比較成熟的作業系統，但賈伯斯並沒有將這套作業系統向其他公司出售，而是只應用於蘋果電腦。比爾・蓋茲發現了這一點，迅速研發出一種作業系統，並且與很多電腦公司合作，最終創建了微軟帝國。

如果當年賈伯斯也與其他公司合作，那麼他就不需要花費這麼多年的時間超越比爾・蓋茲和微軟，他和蘋果公司很可能就是今天的比爾・蓋茲和微軟，甚至會更加強大。等到賈伯斯回到蘋果以後，他似乎將自己的「錯誤」發揮到了極致。讓蘋果公司成為ＩＴ界的藝術工廠，不是像微軟那樣跟隨一個潮流，而是獨自引領一個潮流。

任何事情都會有它的兩面，既然沒有絕對的正確，當然也不會有絕對的錯誤。只要你找到適合自己氣場能量的選擇，無論對錯，如果你一直走下去，相信你的氣場能量也會幫助你吸引更多財富。

【毛豆筆記】

做出選擇時，不要去在意是否正確，而應學會用正面思維，瞭解這種選擇是否符合你的氣場。如果這種選擇可以讓你的氣場更加強大，那麼即使是他人眼中的「錯誤」也可以讓你吸引到更多的財富。

真正重要的選擇不是正確還是錯誤，而是是否適合。

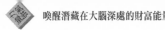

## 共同合作，掀起一場「腦力激盪」

毛豆的公司現在面臨的問題是Y公司的銷售價格過低，導致公司的利潤不斷下降。同時，其他公司也試圖配合Y公司的報價，部門的業務因此很難開展。而如果利潤水準長期無法提升，毛豆所在的部門極有可能被裁撤。

毛豆所率領的團隊也受到了相似的影響，業務擴展得很不順利。部門被裁撤與團隊業務不順的兩把利劍懸在毛豆的頭上，毛豆無奈之下只好再次來找邁克爾。

毛豆把自己部門的情況、公司的情況、業務的情況以及面臨的問題用了將近一個小時的時間跟邁克爾講完了，卻只得到邁克爾一個非常簡單的建議——和同事再商量一下。

「和同事商量能有什麼用？」毛豆對邁克爾的建議顯得無法理解，可是現在只有「死馬當活馬醫」，先試一試再說了。

邁克爾之所以會給毛豆這樣的建議，原因很多：第一，毛豆的氣場已經長期陷入一個悶題中，財富能量鬱積在某一點上無法爆發，而透過團隊合作可以有效的啓動財富能量；第二，正視困難才是解決困難的前提，和同事討論有利於讓團隊中的每個人都認識到眼前面對的問題，明確這一點才能調動起每個人去解決困難；第三，多聽聽他人意見，有助於找到其他解決方法，便於最終解決問題。

會議果然如毛豆預想的那樣，其他四個人時不時的說上一句話，主要是古莉莉和毛豆在脣槍舌劍的爭論。

毛豆說：「我覺得我們應該與其他公司重新談一談，提高價格，這樣至少能保住我們的飯碗。」

古莉莉立即反駁道：「現在與Y公司的議價其他公司已經都掌握了，我們是很難提高價格的。即使我們可以提高價格，新產品也還是無法打開市場。」

毛豆說：「那也總比這樣利潤不斷被侵吞好啊，現在其他公司也紛紛開始降價。一場降價大戰在所難免，如果繼續降價，我們最終可能會保住市場佔有率，但是會失去更多。」

這時，坐在角落的一個成員忽然說：「那爲什麼不按莉莉姐過去的意見，將我們的產品推向中小城市或者中小公司呢？」

毛豆和古莉莉都將目光轉向這個人，只聽這個人繼續說：「我們可以利用Y公司的影響力，將我們負責的新產品推向中小市場。倚靠較低的價格肯定會有不錯的市場前景，一旦我們打開了市場，就方便了一些後續計畫的推進。」

古莉莉接過來說：「而且中小公司一般不具有大公司較為全面的輔助部門，我們除了售出商品之外，還可以提供有償服務，比如維護和升級，這樣便能提高我們的利潤。」

會議結束以後，毛豆迅速寫好計畫書呈報給李恩威，眼前的路變得一片光明。

在工作中，我們每個人都可能會遇到各式各樣的困難，這時候，與其自己一個人面對困難，不如多和他人溝通。即使是水準差不多或者比自己差的人也有可能看到自己看不到的方面，可以給我們提供更多的見解和方法。

在與他人交流的過程中，你與對方的氣場能量是在不斷交流的。這種交流有助於自身氣場能量的健康，也可以使你的氣場能量更加活躍。同時，增加了外部氣場能量，自身氣場能量會變得更加多樣，也更加穩定。最重要的一點是，他人的氣場能量尤其是由大腦創造的能量能幫助我們吸引其他方面的想法和創意，最終成功的解決問題。

這一點在追求財富的過程中表現得最爲顯著，每個人的精力和時間都是有限的，我們所關注的方向也是有限的，這就制約著我們能夠看到的商機也是有限的。如果在平時工作中或者生活中與他人多多交流，我們就可以找到更多解決問題的辦法或者途徑。

【毛豆筆記】

他人氣場的能量侵入除了會令自身氣場感到危險外，也會為我們帶來一些新鮮的想法與創意。尤其是在一個人長期處於同一思路時，合作會啟動我們的氣場，創造更多的財富能量，最終順利解決問題，吸引更多財富。

學會利用他人能量，幫助我們吸引財富。

# 重視計畫：讓氣場能量與目標成功對接

毛豆的計畫書很快被上級批准了，這就意味著毛豆的團隊又要擴大了。由於是公司計畫外的擴張，而且方向也與公司一貫重視的面向大公司的銷售不同，上級決定在人事部門初選以後，由毛豆進行第二輪面試。

在請教了老貝以及人事部門的一些同事以後，毛豆開始了自己的招聘活動。由於S公司的實力和聲譽，在經過第一輪的嚴格筆試以後，還是有很多人進入了第二輪的面試。

第一天，在面試了十幾個人後，毛豆疲憊不堪的回到家裡。不過，他依然很開心，因爲他覺得他發現了一個很不錯的人才。

但毛豆剛剛燃起的想法很快就被邁克爾澆滅了，毛豆不服氣的問：「爲什麼你說他不行。無論是簡歷上、筆試成績上，還是面試成績上，他都很不錯。」

邁克爾說：「無論做什麼，人都要盯緊他的目標。你現在需要的是一個馬上能夠投入工作的出色銷售員，他的簡歷和他的筆試成績並沒有辦法證明這一點，而且……」

毛豆說：「可是他面試也很不錯，他的氣場很強大啊！」

邁克爾說：「我並沒有說他展現出來的氣場不強大，但你提到他說他可以每月向三百個公司推廣你們的產品，這本身就是不可能的。你仔細想一想，這三百個公司他是怎麼計算出來的。另外，他有關於走訪這三百個公司的詳細計畫嗎？」

毛豆搖了搖頭說：「應該沒有。」

邁克爾又說：「謊話是可以讓自身氣場變強的，而且自己都不知道自己在說謊時氣場會變得更強。但是沒有任何計畫的氣場是缺乏長期性的，他的氣場會隨著他工作時間的加強而不斷減弱。」

像毛豆這樣第一次從事招聘的人很容易被突然強大的氣場迷惑，我們每個人自己有時也會被自己的野心迷惑。比如計畫從今天開始，我要減肥多少斤。誠然，這種想法是非常不錯的，但是這些想法並不會爲你帶來什麼，說自己要減肥多少斤的人很多，但是真正實現的人很少。因爲這些人擁有了走向成功的氣場能量，卻沒有確切的具體計畫以讓自身的氣場能量與目標有效的連接起來。

前面我們提到過，氣場能量並不能馬上將我們需要的物質吸引到我們周圍，所以我們需要等待。但如果在等待的過程中，我們的氣場能量不斷發生變化，那麼我們最初想要的財富就會喪失穩定的吸引力，財富最終也很難來到我們身邊。我們需要一個計畫，一個合理的計畫，這個計畫能夠不斷的製造能量並且讓同一種能量穩定的發揮作用。這樣，你才能真正擁有心想事成的能力。

在制訂計畫的過程中，你需要有幾點認識：第一，與其制訂過高的計畫，不如制訂較低的計畫。過高的計畫往往難以達到，會挫傷我們的積極性，最終影響我們的氣場能量，而較低的計畫因爲易於達到而有助於提升我們的自信心，最終增強我們的氣場能量。第二，與其制訂一個長期計畫，不如制訂多個短期計畫。在完成計畫的過程中，很多人可能會因爲計畫過長而無法堅持，短期計畫則便於人們一個一個的完成，而且短期計畫易於人們不斷調整計畫以滿足情況變化的需要。第三，與其制訂多個計畫，不如確實執行一個計畫。如果計畫無法得到執行就只是空想，空想在短期內會幫助我們增強自身的氣場能量，但是無所作爲會讓我們的氣場能量不斷降低。從長期來看，我們的氣場能量依然會降低。

所以，制訂合理計畫並且努力執行，才能讓氣場能量爲我們通向成功保駕護航。

【毛豆筆記】

擁有目標可以讓我們擁有更多的氣場能量，計畫則會讓我們的氣場能量不斷發揮作用。合理而有效的計畫是我們完成已有目標的有效方式，但如果不去執行，那麼計畫達到的作用不會比空想大多少。

從現在開始，制定工作目標和工作計畫。

# 不要讓財富氣場在明天晚上枯竭

「今天很殘酷，明天更殘酷，後天很美好，但大部分人都死在明天晚上，看不到後天的太陽。」讀過馬雲這段話的毛豆感慨很深，不禁想要和自己的朋友們交流一下。

可是還沒等毛豆把主旨表達清楚，還沒走出失戀痛苦的于晉郭就說：「我不一樣，我是前天很美好，昨天很美好，今天很殘酷，但我死在了昨天晚上，看不到以後的很多太陽。」

被老闆炒掉且正在找工作的薩銳也對此深有同感：「我也差不多，只不過我不是死在看不到太陽的晚上，而是死在光天化日下、朗朗乾坤中。」

等毛豆從這群人中逃出來的時候剛好是晚上，到家以後，毛豆發現邁克爾在讀書，就想和邁克爾交流一下。毛豆說：「邁克爾，你是怎麼看待堅持的？」

「堅持是無所謂好壞的，你堅持對於自己有利的，就更加有利；堅持對自己不利的，就會更加不利。」邁克爾這樣說。

毛豆接著就把白天和于晉郭、薩銳的交流講給邁克爾聽。

邁克爾聽完後說：「他們這並不是堅持，而是放棄。當一個人放棄去追求明天的太陽時，他也就可能永遠看不見明天的太陽了。」

一向很關心朋友的毛豆問：「那我應該怎麼幫他們呢？」

邁克爾回答說：「你可以疏導一下他們的情緒，但即使你什麼也不做，他們也會慢慢走出來的。」

毛豆剛想問邁克爾爲什麼說這句話時，卻被邁克爾用一句「你說的那句話是馬雲說過的吧」轉到了其他話題。

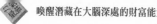

邁克爾並沒有繼續說下去，是因爲他覺得以毛豆現在的情況，不但幫不了自己的朋友，還可能讓朋友的狀況變得更糟，但邁克爾的一句話卻隱約透露給毛豆一種訊息。

很多人都認爲堅持一定會取得成功，但實際上並不是這樣。堅持的目的並不是讓人們獲得成功，而是讓人遠離失敗。就拿于晉郭、薩銳來說，他們也可以繼續堅持、繼續去追求，這些有可能毫無起色，但是能避免現在的情況。現在這兩個人的氣場能量相當弱，很容易受到他人的影響而改變。所以，在他人的改變下，即使很痛苦，他們也不會堅持很久，可能很快便會進入另一種生活狀態。

我們都看過太多堅持走向成功的例子，由於人們更喜歡歌頌成功者，所以這個世界上太多堅持以後的失敗被我們忽略了。但是，在堅持的過程中，你會保有希望，不會變成像于晉郭或薩銳那樣。也許你還會失敗，但你依舊可以擁有強大的氣場，因爲你並不是被自己擊敗了，而是堅持到了最後。

堅持可以讓你有希望，也可以讓你有強大的財富能量。馬雲的那句話或許會被改成「今天很殘酷、明天很殘酷、後天很殘酷……」等，但只要你堅持下去，成爲那個沒有死在明天晚上的人，你就依舊擁有強大的財富能量，就有成功的可能。

**【毛豆筆記】**

對於很多事情來說，堅持是很重要的，但這並不代表堅持就會取得成功。堅持的能量會讓你一直向前走下去，讓你保持著對財富的渴望。這時候的能量要比相信自己已經失敗要強大得多。

無論是成功，還是註定失敗，堅持的人都值得他人欽佩。

# 創新，要有一種「敢」的精神

在翻閱富比士富翁排行榜時，毛豆發現了一件非常有趣的事情，那就是絕大部分不依靠財產繼承進入前一百名的五十歲以下的富翁都是ＩＴ行業的，而且隨著年齡的不斷減小，ＩＴ行業富翁所占的比例越來越高。

「難道真的是ＩＴ行業更容易讓人擁有財富嗎？」毛豆問邁克爾說。

「從某種意義上來說，是的。」邁克爾回答說。

「從某種意義上」是引起下一個問題很好的說法，毛豆果然問道：「那是哪種意義啊？」

邁克爾說：「如果想要成爲富翁，尤其是想成爲登上福布斯排行榜的富翁，一般都會擁有一家非常強大的公司。一個公司想要從很多公司中脫穎而出，就需要不斷的創新，而從創意到產品到名牌在ＩＴ產業以外的行業一般都需要很長的時間，而ＩＴ行業則可以讓創意迅速變成產品並且不斷獲取利潤。」

在聽邁克爾講述時，毛豆想到了IT行業的富翁年輕的另外兩個原因，IT行業前期對資金的需求不是很大，只需要很少的資本積累就可以創立企業。而且IT行業發展迅速，對於創意的需求很大，所以很多新興公司可以迅速打開市場，而沒有必要像毛豆這樣，一家公司接一家公司的推廣。

接下來，毛豆感興趣的就是如何創新了。

如何才能創新，想要瞭解這一問題，我們首先就要清楚什麼叫做創新。創新並沒有我們想像中的那麼難，也沒有我們想像中的那麼簡單。不同領域的創新有不同的特點，但是所有的創新都必須依據消費者的需求來進行。因爲只有你的創新滿足了消費者的需求，消費者才會購買創新之後的產品，你也才可能獲得利潤，創新產品也才可能生存下去。之後，你需要瞭解的就是，大多數消費者並不知道自己想要什麼，或者更準確地說，消費者並不知道自己想要的東西是否有成爲現實的可能。在很多時候，創新並不是創造新的需求，而是滿足人們已有的但隱藏起來的需求。比如，在第一部電話發明之前，消費者可能曾經有過和遠方的朋友聊天的需求，然而他不知道這種需求是否可能被滿足。等到電話發明之後，消費者才瞭解到原來遠距離與他人說話是可行的，想和遠方朋友聊天的需求就被激發出來，電話的銷售也就非常好。更重要的是，這些需求有些容易被引發，有些則不容易被引發，甚至有一些需求是被消費者隱藏起來的。

在進行創新的過程中，你需要讓自身的氣場能量發生改變，將兩種氣場能量的作用混合起來。創新並不是閉門造車，而是針對消費者的需求來進行。因此，你必須讓自己的氣場能量更加開放，更願意接受與他人氣場能量的交流，瞭解他人的需求和想法，尤其是那些潛在的不易被人察覺的需求。其次，你要增強對目前從事的工作或者自己興趣的瞭解和掌握。發揮知識和智慧的作用，讓自己真正精通這個領域。最後，就是讓他人的氣場能量影響自身的氣場，透過對這一領域的瞭解判斷他人的需求是否能夠被充分滿足。

還有一點你需要注意，那就是在不同的行業中，創新的作用是不同的。在IT行業，創新可能會快速的爲你帶來利益，而在其他行業裡面可能會慢一些。但同時你也要瞭解，在IT行業中創意的時效性非常短，可能在你之後不久其他的創意就會奪走你的市場份額，而在其他行業中則可能不會如此。

【毛豆筆記】

閉門造車並不會給我們帶來創新的靈感，真正有意義的創新是挖掘消費者已有的但尚未被滿足的需求。在創新的過程中，發揮氣場能量以及經常接觸他人氣場是對我們最有幫助的。

無論如何，創新都需要一種敢於向前的力量。

# 第六章

## 掌控決定你一生成敗的靈魂氣場

每個人的靈魂氣場中都存在著一些特別的能量，
這些能量在構成特別的自我，讓我們變得與眾不同的同時，也決定著我們人生的成敗。

善待自身的靈魂氣場，時刻給世界呈現出最完美的自己，
這樣不僅會反作用於我們的靈魂氣場，使之變得更加強大，更會讓我們收穫理想的人生。

# 氣場強度由你的弱點決定

以毛豆過去的看法，招聘這份工作是很容易的。不過等毛豆開始招聘後才發現完全不是那麼一回事，要招到一個自己想要的人真是非常不容易。毛豆現在手裡就有這樣兩個備選的人，一個經驗較多，口才也還可以，但是學歷太低；另外一個學歷還可以，口才很好，但就是缺乏經驗。

毛豆和古莉莉爭執不下，李恩威又讓他自己拿主意。毛豆只好再次請教邁克爾，想聽聽邁克爾的想法和意見。邁克爾聽完毛豆的敘述以後，給毛豆講了一個笑話。

有一位科學家搭乘一個漁夫的小船過河。行船之際，這位科學家向漁夫問道：「你懂數學嗎？」漁夫回答：「不懂。」科學家歎道：「這樣你就等於失去了四分之一的生命。」科學家又問：「你懂物理嗎？」漁夫回答：「不懂。」科學家歎道：「這樣你就等於失去了一半的生命。」忽然，水面上刮起一陣狂風，把小船掀翻了。漁夫和科學家都掉進水裡。漁夫向科學家喊道：「先生，你會游泳嗎？」科學家回答說：「不會。」漁夫非常遺憾的說：「那你就要失去整個生命了！」

毛豆說：「這個笑話我很久以前就聽過了，不就是一個諷刺科學家的故事嗎？」

邁克爾說：「看事情時我們不能只從一個角度去看，你覺得漁夫和科學家誰的氣場更強大呢？」

毛豆說：「當然是科學家了，漁夫什麼都不懂。」

邁克爾說：「其實並不是這樣的，在你遇到漁夫和科學家時，如果不與他們交流，你並不知道誰的氣場更加強大。」

毛豆問道：「可是，這和我的問題有什麼關係嗎？」

邁克爾說：「當然有關係了，決定兩個人氣場強弱的並不是一個人的優點，而是一個人的缺點。在科學家談論科學的時候和漁夫捕魚的時候，兩個人的氣場都很強大。但當出現笑話中的情況時，兩個人的氣場才真的能夠比較出來。」

就像邁克爾說的那樣，每個人在自己擅長的領域時氣場都會變得很強大，但真正評價一個人的氣場強弱並不能看他氣場最強的時候，而應該看他氣場最弱的時候，這就和木桶理論中決定水桶盛水量的是最短的一塊木板一樣，一個人氣場最弱的時候是他氣場能量最稀少的時候，而這個時候的氣場強弱才最爲真實，不會因爲外界的變化而受到影響。

在修煉靈魂氣場時，毛豆不應該只關注自己的優點，而更應該注重自己的弱點。因爲在很多時候，我們需要的並不是成爲一個天才，而只是成爲一個在任何時候都能將自己想要做的事情平穩運行下去的人。每個人都有屬於自身氣場的弱點，我們要努力改善這些弱點，強化自己的靈魂氣場，讓自己的氣場不會停滯不前，不會遇到毀滅性的打擊。

我們要明白，真正影響到我們氣場強弱的並不是我們的優點，而是我們的弱點。一些優點所激發出的氣場能量有可能讓我們變得更強，也許變強會爲我們帶來一些好處，然而這些好處肯定不及弱點所削弱的氣場給我們帶來的壞處，因爲你極有可能像于晉郭、薩銳那樣長時間一蹶不振，失去再次前進的勇氣。

**【毛豆筆記】**

決定你的氣場強弱的並不是你的優點，而是你的弱點。想要修煉出強大的靈魂氣場，就要從自身的弱點出發，努力彌補自身的弱點，這樣可以讓自己氣場中的各種能量相對平衡，從總體上讓自身氣場更加強大。

> 自己的弱點是自身靈魂氣場中比較薄弱的環節之一。

## 讓意志力成為靈魂的領袖

失去工作以後的薩銳似乎看透了一切，每天無所事事，也不去找新的工作，時不時的會來騷擾毛豆一下。毛豆雖然很忙，但還是友善的招待薩銳，可是時間一長，毛豆也無法持續下去了。

於是，毛豆認認真真的對邁克爾說：「邁克爾，你一定要想個辦法讓薩銳振作起來。」

邁克爾只是看了看毛豆，沒有說話，只聽毛豆又小聲的說：「幫我。」

邁克爾這才回答道：「讓薩銳振作起來，一定要與他合作才行。」

很快，毛豆就將薩銳半拖半拽的拉到邁克爾面前，嘴裡還念叨著：「快點吧，快點吧，邁克爾有話要對你說。」

邁克爾對著薩銳說：「不是有話對你說，而是有個實驗想請你幫忙。」

薩銳不情願的說：「好吧！」

邁克爾拿起一個杯子遞給薩銳，然後對薩銳說：「無論發生什麼事情，你都要記得一直拿住這個杯子，不要放開。」

薩銳點了點頭，邁克爾拿起一個茶壺，將壺中的水倒向杯子。杯子中冒出了一股熱氣，很快杯子就被倒滿了，可是邁克爾依舊沒有停的意思。水流出杯子，流過薩銳握住杯子的手。薩銳感覺到很燙，但既然答應了邁克爾，他還是堅持著。直到水完全倒完後，薩銳才趕快把杯子放在一邊。水的確很熱，但還沒有達到燙傷皮膚的溫度。薩銳有些生氣的對邁克爾說：「實驗做完了，你想證明什麼啊？」

邁克爾說：「我只想證明如果你有足夠的意志力，哪怕是自己過去認爲做不到的事情也可以做到。」

邁克爾試圖透過實驗告訴薩銳的就是這樣一句很簡單的話——當你有堅強的意志時，很多你過去做不到的事情都可以做到。我們的氣場尤其是我們的靈魂氣場受到自身意志力的影響很大，當一個人喪失意志力的時候，就會像薩銳那樣，失去信心，失去前進的動力，氣場也會變得相對弱小。而當一個人擁有了堅強的意志力時，他就敢於勇敢面對困難，並發現困難其實根本不值一提。

美國前總統富蘭克林．羅斯福曾經說過：「我們唯一恐懼的就是恐懼本身。」真正讓我們恐懼的也是真正值得我們恐懼的是我們沒有向前的意志，不敢向前邁步。擁有強大的意志力可以讓我們敢於面對問題，這樣才能最終解決問題。擁有強大的意志力還可以讓我們在困境中堅持下去，等待勝利的曙光。除了像邁克爾那樣讓薩銳重新擁有意志力外，我們平時更應注意訓練自己的意志力。

意志力可以被看做一種靈魂能量，我們每個人都擁有一定的意志力，修煉意志力最重要的就是把積聚於內心的意志力能量導引到我們的氣場能量中，讓意志力真正發揮作用，促使我們自身解決問題。對於很多人來說，這個過程是很困難的。

首先，我們要敢於面對恐懼。生活中總有一些我們感到恐懼的事物，你的恐懼越多，靈魂氣場中的意志力就越薄弱。因爲隨著恐懼事物的出現，你的意志力能量就會退回到身體內部，所以你需要做的就是勇敢的面對這些使你感到恐懼的事物。在面對時，你就會發現很多恐懼真的只是我們的一種幻覺。

其次，我們要學會堅持。很短的時間就放棄是不能堅持的表現，同樣也是缺乏意志力的表現。意志力是一種追求勝利的能量，如果你長期處於「打得贏就打，打不贏就跑」的狀態中，你的意志力就會相應的被削弱。你可以先採用其他一些方式讓自己能夠堅持下去，比如長跑。隨著你跑步距離的增長，你的意志力能量和靈魂氣場也會越來越強。

【毛豆筆記】

意志力是一種比較特殊的靈魂能量，也是一種氣場能量。意志力能量增多時，我們就會增加面對問題的勇氣和堅持的動力。當意志力能量從氣場中縮回到身體中時，我們的意志力就會下降，我們面對問題時的勇氣和堅持下去的動力也會相應降低。

整個世界都在你手中，無論多麼艱難，你都不能放棄。

# 正視自我，善待自我

樂樂和毛豆又吵架了，雖然不知道吵架的原因，不過邁克爾知道這次吵架肯定很嚴重。這幾天毛豆一直有些精神恍惚，更重要的是樂樂來找邁克爾了。

見到邁克爾之後，樂樂就像看見親人一樣，將這件事情原原本本的對邁克爾講述了一遍。只不過不知道是由於樂樂過於激動，還是樂樂方言的氣息太濃重，邁克爾並不能完全聽懂樂樂在說什麼，只好時不時的點一下頭，表示同意。

樂樂最後問邁克爾：「那您說我該怎麼辦啊？」

邁克爾似乎並不瞭解樂樂問這個問題的真實目的，不過他還是按照自己的理解回答說：「做你自己就好。」

樂樂只好又強調了一遍問題。

邁克爾說：「做你自己就好。你是想改變目前和毛豆的這種不和諧的關係，回到過去和諧的關係中，對吧？」

樂樂點了點頭。

邁克爾接著說：「愛情是雙方氣場相互吸引的結果，在你和毛豆的氣場接觸不斷加深後，各自氣場都會因爲能量的交流而受到影響，出現問題。所以，現在你應該將自身氣場調回到過去的水準，這樣你們的氣場關係就會重塑，吵架的問題就會解決。」

樂樂似懂非懂的點了點頭。

無論是戀人之間，還是普通朋友之間，氣場上的碰撞和衝突都在所難免。這時，很多人都會從自己或者對方身上找原因，比如說自己變了，或者對方變了。然後，人們就會想找到解決辦法，讓自己作出一定的犧牲或者改變以維持彼此之間的關係。然而，經過一段時間之後，你會發現，無論你怎麼改變也無法回到過去，而這時你也已經失去了自我。

正像邁克爾說的那樣，出現這樣的情況不是你如何改變就能解決的，最好的方式就是找回真正的自我，將自己調整到沒有被他人改變的自我狀態。尋回真正屬於自己的氣場，如果對方和你的氣場可以很好的相處，那就證明你們真的是由於氣場相互吸引，而不是一時的衝動或者因爲其他目的。如果對方不願意回到過去的關係，那他多半在剛開始和你接觸的時候就希望你爲他做出一定的改變，這樣的人不接觸也罷。

在生命中的某些階段，你必須學會跳出他人的影響，正視自己的靈魂氣場，尋找到自己真正的未來。因爲最終做出選擇的只能是你，最終承擔這些選擇後果的也只能是你。其實，有很多途徑可以實現正視自我，但其中最好的方法就是平靜的與自己的氣場溝通。

因爲無論是外界能量還是他人氣場的能量都會干擾你對自身氣場的觀察，所以你應該選擇安靜、無人、無風的環境，最好是在安靜的室內，一個人靜靜的獨處。然後，閉上眼睛，讓自己的思維自由活動，當然如果可以，你也可以選擇什麼都不想。當你的思維逐漸由活躍轉向安靜時，你要將自己的注意力集中到自己的身體上，感覺每一寸皮膚的呼吸。接下來，再將自己的感覺向外推，感覺和皮膚接觸的空氣或者物體。這時，你感覺到的就是你的氣場。

感覺到自己的氣場能量，瞭解了自身氣場的運行方式後，你就可以與自己的氣場進行交流。交流的主要方式是透過思維的變動感受氣場的變動，你可以去幻想你想要的東西或者場景，氣場會告訴你這是否是你真正的選擇。當你想到一件物品時，如果你的氣場波動比較大，那就表示你對這件物品是渴望的或者憎惡的。如果你的氣場非常平靜，那就表示你對這件物品並沒有什麼感覺。當你想到某個人的時候，如果你的氣場很平靜，那就表示你的氣場與對方氣場之間很和諧。如果你的氣場波動比較大，那就表示你的氣場與對方氣場之間的衝突較大。

正視自我，將自身的氣場能量調節到最安靜的狀況，你就可以找回屬於自己的氣場能量，也可以透過和自身氣場能量的交流瞭解自己真正的選擇。

【毛豆筆記】

外部的能量或者他人的氣場能量會干擾我們對自身氣場能量的認知，同樣會影響我們和他人氣場之間的吸引，並且產生一些問題。這時，我們需要做的是找回自身的氣場能量，正視自我，瞭解自己真正的想法。

無論什麼時候，我們都要守住自己的氣場。

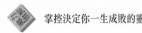

# 放鬆的氣場會讓你更年輕

毛豆最近覺得很累，無論是工作的事、朋友的事還是感情的事，都讓自己心力交瘁。反觀邁克爾，雖然同樣在忙，但從他身上從來看不到疲憊。毛豆甚至感覺邁克爾要比自己年輕好幾歲。

於是，毛豆問邁克爾：「您是怎麼做到的，每天幾乎和我一樣忙，為什麼您的氣色比我好很多呢?是因為您的氣場比我強大很多嗎？」

邁克爾笑了笑，說：「氣場比你強大並不是比你氣色好的主要原因，最主要的是如何運用自身的氣場能量。」

毛豆做出傾聽的動作，等待邁克爾接著說下去。

邁克爾接著說：「以你為例，這一段時間你一直在透支自身的氣場能量。不斷運用自身氣場能量去解決問題，氣場能量的過分使用讓你的靈魂氣場經常處於緊張的狀態。而這種狀態不但不會製造更多的氣場能量，還會讓自身已有的氣場能量得不到很好的發揮。」

毛豆想了想最近的生活，雖然自己一直很努力的做事，可是卻總是得不到自己想要的結果。毛豆點了點頭，問：「那我應該怎麼做呢？」

邁克爾回答道：「讓自己的氣場放輕鬆。」

毛豆搖了搖頭，歎了口氣說：「放輕鬆，我倒是想，但我哪有時間啊！」

邁克爾非常肯定的說：「你是有時間的。你有時間玩遊戲，有時間發呆，有時間閒聊，爲什麼沒有時間讓自己的氣場放鬆一會兒呢？」

邁克爾說出的問題不僅是毛豆的問題，也是生活中大多數人的問題。現在社會的生活節奏越來越快，每個人的工作都越來越忙。「忙」已經成爲很多人最常用的字，可是當你用顯微鏡觀察自己所謂的「忙」時，你會發現在工作的時候逛一下論壇，和朋友聊兩句天，和同事說一下最近的新聞，到社交網站更新一下自己的狀態，還有可能織一下「圍巾」，表示自己「很忙很無聊」。

其實，在更多的時候，我們的「忙」成了一個藉口。當你的朋友邀請你出席一次聚會

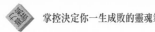

時，你會說你很忙；當你的父母要你節假日回家時，你會說你很忙；當你自己想要休閒一下時，你會說你很忙。但實際上，你並沒有那麼忙，很多人都僅僅是想讓自己忙起來，讓自己的生活看起來更充實而已。

這種「忙」對靈魂氣場的影響很大，你會因爲長時間透支自己的氣場能量，以及氣場能量得不到很好的休息而削弱自己的氣場能量。除此之外，你的氣場能量也會因爲長期沒有新能量的補充，而擁有很多的負面能量，這些負面能量會影響你的生活，影響你和他人之間的關係。

即使你真如你所說的那樣忙，你依舊可以抽出一些時間放鬆自己，因爲這個過程並不需要花費太多時間，而你需要做的也非常簡單。選擇讓自己感到舒適的環境，然後暫時放下關於工作、關於未來的思考，去觀看一些優美的圖畫或者傾聽一些輕鬆的音樂，不需要太長的時間，只需要十幾分鐘，你的氣場就可以得到恢復。而在這個過程中，如果你同時可以讓自己的身體放鬆，那麼氣場會得到更好的恢復。

當毛豆從短暫的休息回到現實世界中時，他發現自己完全像是變了一個人，之前還認爲和自己有很多爭執的人，現在卻可以感受到對方的很多無奈。因爲，在休息的過程中，氣場能量得到了補充後，不僅會使你的精神更好，同時感受外界的能力也會由負面轉向正面。

【毛豆筆記】

任何人都沒有能力長期維持工作高效率，氣場也是一樣。當我們過分運用氣場能量的時候，氣場中正面能量就會降低，同時負面能量會增大。這種情況下，我們需要讓氣場能量得到合理的調節，這樣才會讓我們的氣場中充滿正面能量。

如果想要讓自己看起來更年輕，放輕鬆的訓練要經常進行。

## 在福佑他人的過程中製造更多正面能量

隨著對氣場能量瞭解的不斷加深，毛豆認識到修煉自身靈魂氣場的重要性。不過，毛豆除了關心自己外，還關心自己身邊那些氣場出現問題的同事們，如嫉妒的李恩威、懶惰的古莉莉、消極的老貝。

毛豆很想幫助他們走出氣場誤區，讓他們也能夠擁有健康向上的靈魂氣場，改變他們目前的生活狀態，向著更加快樂和諧的生活前進。雖然毛豆自身氣場的修煉已經不錯，但是他依舊沒有能力幫助別人解決問題，他只好再次找到邁克爾。

邁克爾沒有直接回答毛豆的問題，而是問毛豆：「你知不知道你和他們有什麼不同？」實際上從遇到邁克爾的那一天開始，毛豆就在想一個類似的問題：爲什麼邁克爾偏偏找上自己？可是，他到現在都沒有想通這個問題。面對邁克爾的問題，他只好搖搖頭。

邁克爾接著說：「李恩威、古莉莉、老貝和你都不一樣，因爲他們不關心其他人，而你關心其他人，願意關心其他人的你身上擁有一種不同於大多數人的靈魂氣場。」

毛豆疑惑的問道：「可是，你前一段時間不是才告訴樂樂要關注自己的氣場嗎？」

邁克爾回答說：「每個人的確應該遵從自身氣場的選擇，但是如果生活中一個人時時處處都只考慮自己，那麼這個人就會鬱積在自己的氣場中，無法與他人進行全方位的交流。尤其是涉及那些能讓他們更好的方面，他們更願意把自己保護起來。但這種保護會讓他們的氣場能量無法流動，最終從珍貴的正面能量變成負面能量，阻礙自己靈魂氣場的提升。」

此時的毛豆並不關心這些理論上的問題，他只關注究竟怎麼幫助這三個人。毛豆接著問道：「那該怎樣解決呢？」

邁克爾說：「這就要依不同的情況來看，從他們三人的角度來看，要從福佑他人開始。」

福佑他人的意思是祝福和保佑他人，但邁克爾所說的福佑他人並不同於一般的祝福和保佑他人，而是透過自身與他人氣場能量的接觸，讓自己產生令人愉悅的正面能量。雖然在福佑他人的過程中，你不斷向對方傳遞正面能量，但是你的心靈所製造的正面能量不但會彌補你的損失，還會讓你擁有更多的正面能量，使自己的靈魂氣場得到改善。

福佑他人有很多方式，其中最高級的方式是利用自己內心的祝福和保佑調動自身能量，讓自己在關注他人的同時產生更多的正面能量，以此來驅散氣場中的負面能量。但這種方式並不適合像李恩威等人這樣的情況，因爲李恩威長期執著於自身能量，透過內心思維的變動是很難調動能量的。對於一些長期執著於自身或者不經常與他人溝通的人來說，透過話語或者身體接觸可以達到更好的效果。

話語福佑他人就是透過話語來調動自身能量，在面對他人時，我們多講一些讚美或者祝福他人的話，自身氣場就會提供給對方氣場一定的正面能量，而心靈中製造的能量則會及時補充發散的能量。除此之外，在用話語福佑他人時，自身氣場中的能量也會發生相應的變化，增加正面能量在氣場中的比例，讓自己的氣場轉爲積極向上的氣場。

身體接觸也是同樣的道理，做出一些友好的、祝福他人的行動，你的能量同樣會回應你，產生福佑的正面能量。不過，身體接觸一般會放在話語之後，因爲執著於自身能量的人可能很難很快接受這種更近距離的交流，所以身體接觸在話語福佑他人之後比較好。

福佑他人會產生雙贏的結果，既可以讓對方獲得一定的正面能量，也可以讓自身產生更多的正面能量。如果可以不斷持續下去，你的內心就會習慣於不斷製造正面能量，靈魂氣場也會變得越來越健康。

【毛豆筆記】

多與他人交流除了可以讓我們接觸到更多的能量外，還可以促進自身能量的運動。對於長期執著於自身能量的人來說，自身的能量很容易因為長期鬱積而形成負面能量，而福佑他人則可以有效的改變這種情況。

福佑他人實質上能以改變自身的靈魂氣場，增加氣場中的正面能量。

# 發現靈魂氣場的堅韌脊樑

雖然現在毛豆在邁克爾的幫助下氣場變得強大很多，也解決了很多問題，自身的實力也得到了一定提升，但毛豆還是偶爾會感到迷茫，不知道自己該何去何從。

看出了毛豆的迷茫，再加上距自己離開中國的時間越來越近，邁克爾決定和毛豆進行一次長談，告訴毛豆靈魂氣場有什麼奇特的地方。

毛豆這一年還是不錯的，他的團隊在這一年裡經歷了很多的風風雨雨，最終年終的業績還算不錯。更讓毛豆感到高興的是，古莉莉已經開始勤奮工作了，李恩威也很少爲績效無法超過老貝的部門而大發雷霆。這一年不溫不火的傑克升職了，老貝調回來重新帶領傑克的部門，自然老貝消極的毛病已經改了很多。

接下來就是明年的計畫，毛豆不知該從何開始。兩個人的談話也正是從這一點談起的。

毛豆歎了口氣說：「這個新年計畫，我真的不知道該怎麼寫。」

邁克爾說：「明年你有什麼想法或者計畫，寫下來就會是一份不錯的計畫。」

毛豆點了點頭，說：「我知道這樣很好，可是我不知道這些計畫我是否能夠堅持下去，我更不知道這份計畫即使真的執行了會有什麼用。」

邁克爾說：「至於這份計畫執行之後的事情，等到計畫執行之後就知道了。至於你能不能堅持下去，你是能堅持下去的，因爲你的靈魂氣場可以堅持下去。」

毛豆問：「爲什麼我的靈魂氣場可以堅持下去？」

邁克爾回答說：「每個人的靈魂氣場中都有一種神秘的力量，是一種堅韌的能量。我也不知道這種能量從何而來，似乎本來就存在於每個人的身上。當你遇到苦難、挫折的時候，這股堅韌的能量就會起作用，讓你堅持下去。你可以想想自己這一路走來，你究竟經歷了多少。」

毛豆點了點頭，又搖了搖頭，問道：「你既然說每個人的靈魂氣場中都有堅韌的能量，那爲什麼很多人都沒有堅持下去呢？」

邁克爾笑了笑，說：「這和你遇到我之前的情況是相似的，人們沒有發現自身的氣場

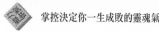

時，就以爲自身氣場不存在，自身氣場也就不會爲這個人提供幫助。在人們沒有發現靈魂氣場時，他自然也無法發現靈魂氣場中的堅韌能量。」

毛豆還是感到不解，說：「那我爲什麼在不知道靈魂氣場的時候就能發揮出堅韌的能量呢？」

邁克爾又笑了笑，回答說：「如果其他人問我，我會回答說那是因爲靈魂氣場中除了有堅韌的能量以外，還有堅持的能量、堅定的信念。而你則不同，毛豆，你似乎從來都沒有感受到你的不同。你的善良、你的堅韌、你的友好、你對他人的關心、你對責任的承擔、你的微笑，在你的很多話語裡、很多行動裡，我可以看出你和他人的不同。像你這樣的人是會擁有比他人更強大的氣場操縱力的，同樣，也擁有比他人更強大的靈魂氣場。雖然你並不知道，但在不知不覺中你已經運用了氣場操縱力，讓自己變得更易於掌控一切。」

相處這麼久，這似乎是邁克爾第一次真正誇毛豆，也是最後一次誇毛豆。但在邁克爾的內心中，他只是把自己的真實想法說了出來，從見到毛豆的第一天到現在從未改變這種想法。

邁克爾接著說道：「其實，有一些事情我也無法解釋，但我知道靈魂氣場中的堅韌能量是確實存在的，善良則會讓堅韌能量發揮到最強。也許是上天希望人不斷向前進，希望善良的人可以更加幸福吧！」

邁克爾停了一下，又接著說：「永遠都不要限制善意的氣場能量，善良會讓你的堅韌能量更加強大，讓你的生活更加幸福。你要堅持自己，毛豆，終有一天，你會通往氣場操縱力的頂峰，因爲你的善良可以超越一切的力量。」

【毛豆筆記】

在我們的靈魂氣場中存在著堅韌的能量，但只有當我們調動自身全部能量堅定的走下去時，堅韌能量才能被我們發現，並且發揮作用。你的靈魂氣場就是最真實的自我，只有走到最後，你才會發現這些。

靈魂氣場的能量會幫助你，但只有你從不放棄自己的基礎上。

## 接受現實，走出現實

于晉郭聽說在邁克爾的指導下，薩銳重新找到了繼續前進的勇氣，現在已經找到了一份還不錯的工作。於是他打算也向邁克爾取取經。

面對氣場一片混亂的于晉郭，邁克爾只能靜靜的聽他講述，儘管邁爾克和毛豆都知道于晉郭只是要將自己的遭遇再重複一遍。事實上，毛豆和邁克爾都對他的事情非常熟悉，甚至知道于晉郭最後會以這樣一句話結尾：「那你說我該怎麼辦，我怎麼才能追回她的心。」

出乎他們意料的是，于晉郭最後又補充了一句：「邁克爾，我知道你一定有辦法的。」

邁克爾讓于晉郭先等一下，他要和毛豆私下商議一下。兩個人在商議中得出了一個共同的結論——是時候幫助于晉郭從痛苦中走出來了。

邁克爾帶著于晉郭走到一面大鏡子面前，問于晉郭在鏡子裡看見了什麼。

于晉郭仔細的看了看，回答說：「我啊！」

邁克爾搖了搖頭，說：「這不是真正的你，這只是你的幻象。真正的你已經離你而去，活在你的故事中。一個虛假的你是不可能贏得她的芳心的，你需要找回你自己，找回那個真正的于晉郭。」

在說這番話的時候，邁克爾其實並不確信找回真正的于晉郭是否依舊會贏得她的芳心，但他確信于晉郭只有接受失戀的事實，才可能走出痛苦。

在生活中，我們會遇到各式各樣的問題，比如表白被拒絕、失戀、專案失敗、被炒魷魚等。有些問題對我們來說沒什麼影響，有些問題卻會讓我們失去自己。在經歷過一段刻骨銘心的失敗以後，我們通常會選擇透過一些方法或者途徑來逃避眼前的事實。忙於逃避的我們就會像邁克爾所說的那樣，將自己封閉在一個自己幻想的空間，由一個氣場的幻想代替自己。這與薩銳遇到的問題並不完全相同，薩銳是失去了前進的勇氣，而于晉郭是失去了自我。

在生活中，我們並不能總是依靠他人的幫助，我們要學會運用自己的能力，讓自己從困境中走出來。想要讓自己走出困境，我們就要讓自己接受事實，告訴自己發生的一切都是真實的，而不是一個故事，而且這件事情還在不斷發展。我們需要尋回迷失在逃避路上的自我，讓氣場的幻象遠離自己，一步步重新控制自己的身體，一步步的走出失敗的陰影，勇敢的面對現實。

我們也可以對自己採取「當頭棒喝」的方法，這種方法就是透過一定的方式直接告訴自己遇到的困境，告訴自己情況已經無法改變，無論是失敗還是失去其他什麼都已成定局。在這種情況下，氣場的幻象無法抵抗強大的能量衝擊，就會直接放棄對身體的控制。同時，強大的能量衝擊還會衝破自身的能量庇護，從逃避的路途上將自己尋找回來，逐漸接受自己所面對的事實。這種方法需要我們擁有強大的氣場能量，並且掌握好衝擊自己的時間，將兩點完美的結合起來才會讓「當頭棒喝」的效果更好。

更爲穩妥的一種方法是「循循善誘」，我們需要不斷提醒自己失敗的事實，用話語和行動不斷的引導自己的氣場能量，塑造具有一定承受力的氣場能量，讓自己逐漸從失敗的陰霾中走出來。這種方法與「當頭棒喝」最大的不同在於「當頭棒喝」更重視外部能量的影響，「循循善誘」則是更重視透過自身能量的重建來讓自己不再逃避。

在遭遇失敗以後，讓自己重新掌控自身的靈魂氣場需要一段時間。我們可以請求他人幫助，但更應該用自己的力量面對一切，走出困境。我們應真正明白，眼前的一切都是自己的選擇，勇敢的走下去才是真正的自我。

【毛豆筆記】

在前進的路上，我們可能會遇到很多困難，一些困難會影響到自我，讓我們不自覺的選擇逃避。這時候，我們可以透過尋求他人的幫助來重建自我，也可以透過一些自我改變的方式，讓自己走出陰霾。

時間永遠是最現實的，也是走出現實的最好工具。

# 向世界呈現最好的自己

邁克爾留給毛豆的最後一句話是：時刻呈現最好的自己。

雖然邁克爾並沒有過多解釋這句話，但毛豆已經理解這句話的深意了。氣場的敵人有很多，比如外界能量的污染、他人氣場能量的侵入等，但是對於我們來說，氣場最大的敵人是自己。我們每個人都會出現前面提到過的各種問題，如嫉妒、懶惰、消極、憤怒、逃避，等等。我們也同樣會因爲這些問題爲自己找來各種不同的麻煩，比如嫉妒的李恩威對員工大發雷霆，懶惰的古莉莉與毛豆之間的交鋒，消極的老貝遇到事業上的危機，憤怒的薩銳失去了對自身的控制，逃避的于晉郭不敢面對現實，等等。這些影響是我們可以察覺到的，還有一些影響是我們無法察覺到的，那就是這些問題對於我們自身氣場的影響。

這些問題都會在一定程度上造成氣場能量的紊亂，還有可能製造出一些負面能量，讓我們的氣場發生改變，無法與他人交流，然後，氣場的變化會影響我們的生活。然而，這些問題並不是我們能夠完全避免或者解決的，生活中總會有各種各樣的不如意，我們無力改變，這時，我們能做的，只是儘量減少這些問題對於自身的影響，時刻展現出最好的自己。我們並不需要時刻都展現出最強的自己，這樣你的氣場能量也會吃不消的，但你可以時刻做最好的自己。休息時休息，工作時工作，把自己的氣場調整到最佳狀態，這樣氣場才會為你服務。

時刻呈現最好的自己對於大多數人來說都是困難的，但是有一個人的建議卻可以幫助我們，這個人就是那個號稱「活著就是為了改變世界」的賈伯斯。他在斯坦福大學的開學典禮上作過一次非常精彩的演講。在這次演講中，賈伯斯講了三個故事，這三個故事實際上是三個很好的建議，即如何時刻呈現最好的自己的建議。

第一個故事：賈伯斯退學了，他從一所幾乎要花光養父母全部積蓄的大學退學了。但是，賈伯斯依舊會去上課。只不過他選擇去上一些自己喜歡的課，比如當時里德大學最好的書法課。這些課除了給賈伯斯一些美的感受外，還為賈伯斯多年後研製蘋果電腦提供了靈感：如果把這些美麗的文字用在電腦上，那該有多好啊！於是，賈伯斯將這些美麗的文字帶進了電腦中。

賈伯斯的第一個建議：把過去生命中的點點滴滴連接起來。因爲這些過去塑造了現在的你，時刻回憶美好的過去會幫助你展現最好的自己。

第二個故事：賈伯斯被蘋果公司開除了，被他親手創建的蘋果公司開除了。接下來的很多天，賈伯斯完全弄不清楚自己該怎麼辦，不過一段時間後，賈伯斯明白雖然自己被公司開除了，可是自己依舊熱愛這個行業，這種熱愛並沒有因爲受到打擊而有所減弱。終於，很多年後，賈伯斯又回來了，帶著蘋果公司走向了新的輝煌。

賈伯斯的第二個建議：做自己真正感興趣的事情，也就是做那些無論被打擊多少次依舊熱愛的事情。興趣和熱情有助於我們保持對事業的恒久追求，同樣，做自己感興趣的事情會更有利於展現最好的自己。

第三個故事：賈伯斯被檢查出罹患了癌症，在他事業重新走向巔峰的時候被檢查出患了癌症。這時，賈伯斯講到自己對於死亡的看法，他曾讀到過一句話：「如果你把每一天都當做生命中最後一天去生活，那麼有一天你會發現你是正確的。」把每天當做生命的最後一天來看更有利於我們作出正確的判斷，能讓我們更加珍惜生活。

賈伯斯的第三個建議：每個人的時間都很有限，我們應該將時間用在那些真正重要的事情上。如果你可以少做一些自己沒有必要去做的事情，那麼你的氣場將更容易調整到最好，也更有利於你展現最好的自己。

時刻都呈現最好的自己，可以讓我們將靈魂氣場調整到最適宜的狀態，便於發揮靈魂氣場的力量。同時，也可以讓我們尋找到真正的自我，獲得真正的幸福。

【毛豆筆記】

生活中，我們不可能逃避所有的問題，也不可能無視所有的問題。我們需要勇敢的面對這些問題，也許這些問題對我們會有很大的影響，但你仍應該把自己最好的一面展現出來，這無論是對於你自己還是你的氣場都是很有幫助的。

時刻呈現最好的自己，即使獨處時，也應該謹慎不苟且。

# 第七章

## 八步晉級氣場操縱的至高境界

古往今來，
人類一切行為的目的彷佛都是為了達到一種「萬物與我為一」的至高境界。

在氣場操縱力修煉與運用的漫長過程中，
我們循序漸進、從弱到強、從不穩定到穩定、從低級到高級，
一路走來，我們可以改變自己的命運，重塑自己的人生，實現自己的夢想。

這是一次次的飛躍，更是一級級的超越！

# 時有時無的氣場操縱

在與邁克爾的交流中，毛豆總結出了氣場操縱力擁有的八種不同的境界。

第一種境界是時有時無的氣場操縱。

這一種境界就像《天龍八部》裡面段譽的武功一樣，時靈時不靈。處於這一境界的主要有兩類人：一類人不知道自己擁有氣場操縱力，也不知道如何運用氣場操縱力，只是在某些時刻展現出了氣場操縱力；另一類人雖然知道自己擁有氣場操縱力，也懂得如何運用氣場操縱力，但掌控氣場操縱力的能力太弱，導致自己無法很好的應用。

擁有這一境界的氣場操縱力並不需要經過怎樣的修煉，甚至透過一些修煉我們會超越這一境界。因爲大多數人都很容易修煉到氣場操縱力時有時無的狀態，這一境界只能算作一個初學者的入門狀態，而且並不是所有人都需要經歷這一狀態，但毛豆不幸的經歷了這個階段。

那還是在毛豆遇見邁克爾不久後，邁克爾已經向毛豆傳授了一些氣場以及氣場操縱力方面的知識，並且教了毛豆一些基本的操作方法。但邁克爾還沒有來得及告訴毛豆氣場操縱力如果應用不當，就可能造成負面的效果時，毛豆就決定應用一下。更不幸的是，毛豆選擇的對象是古莉莉。

古莉莉剛剛跳槽來到S公司，對於周圍的環境還有一些不適應，而毛豆的主動接近讓她覺得很溫暖。後來毛豆決定運用話語氣場操縱力，讓古莉莉幫助自己完成一些任務。

一天快下班的時候，毛豆來到古莉莉面前，很誠懇的誇獎古莉莉的能幹，毛豆幾乎將所有自己能夠想到的讚美之詞都用在了古莉莉身上，這讓古莉莉感到有些受寵若驚。毛豆的氣場給古莉莉的感覺一開始也很真誠，只不過毛豆這種貌似真誠的氣場並沒有持續多久。他心中急於回家看NBA凱爾特人隊與湖人隊比賽的影片的欲望變得越來越強烈。一直爭強好勝的古莉莉忽然感覺到了毛豆的問題，她聽慣了別人的讚美，逐漸從毛豆的讚美中聽出了一些其他的用意。如果這時毛豆能夠穩住自己的氣場，將氣場能量調節一下，可能還有機會。可是，毛豆忽然失去了他的氣場操縱力，他的真實想法被古莉莉看穿了。古莉莉趁著老貝叫走毛豆的時機，來到毛豆的座位前，看到毛豆的電腦螢幕上顯示著他和網友的對話。

不乖的小毛豆：謝絕告知，我要好好看比賽的實況，你告訴我結果就沒什麼意思了。

冰雷系卡爾：你不是還有不少工作嗎？到家肯定很晚了，你肯定沒時間看的。

不乖的小毛豆：這一點你可以放心，等會兒我讓別人幫一下忙，我先回去看比賽。

古莉莉看到這裡，內心的憤怒頓時燃燒起來，氣場中的負面能量被激發出來。等到不明真相的毛豆回到自己的座位時，古莉莉已經拿著一大疊資料對毛豆說：「今天我有事，你幫我做一下吧！」內心有愧的毛豆想都沒想就直接答應了。

毛豆的經歷告訴我們，如果你對於氣場操縱力的掌握並不熟練，那麼你就儘量不要運用自身的氣場操縱力。這種時有時無的氣場操縱力可能在某些時候能給你帶來一定好處，但在運用的過程中，一旦氣場操縱力突然消失，結果肯定不怎麼好。

處在第一境界的人們都會感覺到氣場的存在或者至少察覺到某種能量的存在，這時我們應該做的是瞭解自己所察覺的這種能量，瞭解這種能量的特性和運用方法，不斷的訓練自己，讓自己對氣場操縱力的理解和掌控能力逐漸加強。想要突破這種初學者的境界非常容易，只要你願意激發自己過去一直忽視的這種能力，讓你本身擁有的氣場操縱力呈現出來，你就可以成功的突破第一境界。

【毛豆筆記】

時有時無的氣場操縱力就是很多人在了解氣場操縱力之前的境界，在這一境界中，我們需要學會怎樣維持自己的氣場操縱力。同時，在自身氣場操縱力穩定下來之前，儘量避免去操縱他人。

對於我們來說，這一境界的主要作用在於讓我們感受到氣場操縱力的存在。

# 簡單刻板的氣場操縱

在經過古莉莉的教訓後，毛豆很快就突破了第一境界，達到了第二境界。與第一境界相比，第二境界更像是一種退步，而不是一種進步。按照毛豆過去的想法，在自己達到第二境界時，他應該會比第一境界強很多，可以把時有時無的氣場操縱力變成隨時都有的氣場操縱力。

但毛豆最終感受到的第二境界卻是另外一種狀態，即利用一些毛豆認爲「老土到極點」的操縱術展現氣場，而這些操縱術似乎與氣場並沒關聯。比如說如何透過討價還價的方式讓對方屈服，怎樣透過記住對方的名字增加對方對自己的好感，等等。

邁克爾卻認爲，人們會存在這種時有時無的氣場操縱力，主要有兩個原因：第一，人們對於自身能量的瞭解不足，而且無法掌控好自身能量，也就很難展現出氣場操縱力。修煉自身能量需要很長時間，在這一段時間內運用一些比較有難度的氣場操縱術，只會影響自身氣場修煉的進度。第二，人們無法有效的展現氣場操縱力，還與人們並不瞭解他人有關。傳統的操縱術中有很多如何瞭解他人想法、判斷他人行動的方法和手段，這些都是經過很多人總結和實驗過的。瞭解這些有利於人們更瞭解他人，同時這些操縱術在展現的過程中雖然並沒有明確的提到氣場的力量，但毫無疑問，氣場操縱力的強弱在這個過程中達到了相應的作用。透過一些簡單刻板的氣場操縱力的練習也可以增進人們對氣場的瞭解。

雖然毛豆一直很反感這種不進反退的練習方式，但在邁克爾的勸說下，他依然開始了刻苦訓練。毛豆似乎就是這樣一個人，無論做什麼事情，他都會一絲不苟的認真完成。所以，他很快就掌握了第二境界氣場操縱術的秘訣，暫時放棄對於氣場操縱力的運用，讓氣場能量在操縱術的運用中發揮相應的作用。不去刻意操縱自身能量，而完全依靠氣場能量的自然反應，先讓自己了解氣場能量，感受和修煉氣場能量。而且就是這樣一種幾乎沒有刻意動用氣場操縱力的氣場操縱術，讓毛豆成功的結識了一個人。

由於傳統操縱術有很多針對陌生人的招數，邁克爾爲了讓毛豆更好的掌握，就讓毛豆多對陌生人應用。邁克爾同時還告訴毛豆要注意安全，因爲想要遇到一個非常友善、非常願意配合的人是非常難的，而且讓這個人在看透毛豆的把戲以後不生毛豆的氣更是難上加難。

在接受了很多慘痛的教訓以後，毛豆非常巧合的碰到了樂樂。

當時，樂樂正坐在長椅上悠閒的看書，毛豆確信眼前這個看起來很溫柔的女孩不會像上一個人那樣對自己拳打腳踢後，就慢慢走了過去。

毛豆走到樂樂面前，對樂樂說：「你好。」

樂樂抬起頭，看了看站在眼前的這個人，又向左右看了一下，確認毛豆不是找別人後，才對毛豆說了聲「你好」。

毛豆心裡想，這個女孩真是個天然呆，肯定很好騙。於是，他說：「真巧，今天我已經連續遇到五個姓王的人了，而你是第六個。」

樂樂瞬間感到很驚訝，心想眼前的這個人怎麼知道自己的姓名的，可是臉上並沒有太多的反應。毛豆心想自己的操縱術難道完全沒有效果，很想知道這一次哪裡出錯的毛豆就坐下來與樂樂攀談起來。

毛豆猜到樂樂的姓其實很簡單，只要在說完「五個姓王的人」後，稍稍停頓一下，然後觀察對方的反應。如果表現出一絲驚訝，那麼對方肯定也姓王；如果對方表現出不屑，那麼對方肯定不姓王，毛豆接下來就應該說：「終於遇到一個不姓王的人了。」

在第二境界中，我們要做的應該是更多的感受自身的氣場能量，感受氣場操縱力，瞭解他人，掌握他人的變化。突破第二境界通向第三境界的過程就是一個不斷積累的過程，因爲對於那些對氣場操縱力還不太瞭解的人來說，了解氣場，瞭解操縱術，了解氣場操縱力需要一個比較漫長的過程。

【毛豆筆記】

熟練運用氣場操縱力的前提是我們擁有強大的氣場能量，同時也需要我們掌握人際關係中能量交流的情況。簡單刻板的氣場操縱力這一境界是一個過渡和緩衝，讓自己能察覺自身具有氣場操縱力，感受到氣場能量的力量以及完成對自身的修煉。

這些毛豆認為「老土到極點」的操縱術中，實際上也滲透了氣場能量的運用。

# 倚仗身體的氣場操縱

在積累了足夠多的經驗以後，毛豆終於迅速的從第二境界升到了第三境界。第三境界是倚仗身體的氣場操縱，相對於第二境界來說，第三境界已經開始使用一定的氣場能量，但依舊沒有達到可以熟練運用氣場操縱力的階段。

第三境界的氣場操縱是透過身體變化以及語言變化來調動氣場能量，以展現出自身的氣場操縱力。氣場操縱力是在氣場能量運動中間接表現出來的，並不是直接運用，這也就大大降低了掌握氣場操縱力的難度。

這一境界的不同之處是，當一個人達到更高的境界以後，這一境界中的方法和手段依舊可以運用，只是他分不清自己有沒有完全運用第三境界的氣場操縱。邁克爾就是一個達到氣場操縱更高境界的人，但他也不知道該如何向毛豆展示第三境界該有的水準和方法。幸運的是，有兩個人完美的向毛豆展示了如何運用身體和語言調動氣場能量，操縱他人，這兩個人就是李恩威和老貝。

李恩威很擅長運用身體去操縱他人，他最擅長的是透過對他人空間的控制來操縱對方。比如壓迫對手的空間讓對手屈服，用雙手侵入對方的空間讓對方感到緊張，等等。李恩威在其他方面的身體語言運用上也毫不遜色，尤其是他對利用雙手調動能量操縱對方的應用。

能量在雙手周圍聚合形成雙手氣場，動用雙手氣場影響他人是依仗身體的氣場操縱的重要手段。

雙手氣場的運用主要表現在三個方面：攻擊、隱藏和保護。前面所提到的運用雙手侵入他人氣場就是攻擊最有效的方式。不過，在用雙手侵入他人氣場時，一定要循序漸進，不要企圖瞬間侵入他人氣場內部。瞬間侵入他人氣場內部會讓對方的氣場有強烈的危機感，進而緊縮自身氣場，這樣就不利於你的下一步行動。另外，在攻擊他人氣場時，你還要儘量避免用手指進入他人氣場。用手指侵入他人氣場的行動可能會給他人帶來被輕視的感覺，並產生其他的不良反應。

雙手氣場運用的第二個方面是隱藏。在一些氣場交鋒中，你的氣場會明顯強於對手，這樣便會獲得更多的優勢。但如果你想從對方那裡獲取一些資訊，你就需要留給對方氣場擴展的空間。這時，你需要做的不是擴張自己的氣場，而是收縮自己的氣場，讓對方可以暢所欲言，而不被你的氣場壓制住。雙手是全身最容易隱藏氣場的部分，你可以透過將雙手放在身後隱藏一部分氣場。

雙手氣場運用的第三個方面是保護，在李恩威與傑克的對決中，傑克曾經將雙臂放在胸前保護自身氣場。在與他人交鋒時，對方氣場最喜歡侵入的就是我們胸部的氣場，因爲這裡缺少防禦而且最容易影響我們。我們就需要運用身體保護胸部的氣場，而雙手則是最好用的保護工具，除了阻隔以外，雙手氣場還可以運用其他姿勢保護胸部的氣場。

而老貝擅長透過話語氣場操縱他人，老貝最擅長的也是唯一擅長的就是運用話語的暗示調動他人氣場，最終達到操縱他人的目的。在運用話語氣場的過程中，我們需要注意的是，不要讓自己的目的過於明顯，這樣對方很容易產生警覺從而導致操縱失敗。

第三境界實際上是爲了更快速的瞭解氣場能量的運動，以便於以後透過調節氣場能量並最終形成氣場操縱力。突破第三境界是非常困難的，不僅因爲人們很難產生質的飛躍，還因為第三境界中的方法和手段對於大多數人來說已足夠了。

【毛豆筆記】

倚仗身體的氣場操縱力主要是透過運用身體或者話語來操縱氣場的變化。在身體變化時，我們的身體能量會發生變化，同時影響自身氣場和他人氣場，最終達到影響和操縱他人的目的。運用話語則是透過雙方氣場能量的協調使氣場操縱起作用。

無論是身體還是話語，第三境界的氣場操縱依舊是比較基礎的操縱。

# 借用環境的氣場操縱

氣場操縱從第三境界到第四境界是一個質的飛躍，第三境界還停留在利用氣場能量的階段，第四境界便達到了透過操縱能量形成氣場操縱力的階段。在這一階段，你必須瞭解的是，雖然擁有氣場能量就會擁有氣場操縱力，但在第三境界以前的這種氣場操縱力都是以一種非常複雜的方式呈現出來的。而在第四境界，毛豆第一次真正運用氣場操縱力，透過對氣場能量的嫻熟掌握使氣場能量成爲一種操縱他人的力量。

毛豆在非常巧合的情況下達到了第四境界。當時毛豆正在舒適安靜的環境中靜坐，想透過靜坐來與自身的氣場能量交流，掌握自身氣場能量的特點。這時，薩銳來到毛豆家裡找他，看見毛豆在靜坐也就沒有打擾他，隨便找了個地方看書。等毛豆結束靜坐，薩銳說在毛豆靜坐的時候，他自己也感受到了一股寧靜的能量。

毛豆將這件事告訴邁克爾的時候，邁克爾知道毛豆已經達到了第四境界的氣場操縱，真正的掌握了氣場操縱力。第四境界的氣場操縱是借用環境的氣場操縱，與更高境界相比，第四境界的氣場操縱力十分弱小。達到第四境界的人一定要找到與自身能量相符合的環境，然後利用環境與自身能量的雙重影響來操縱他人。

這種操縱是非常有限的，主要原因有三點：

第一，環境不但要與自身能量相容，還要與最終的目的相容，在安靜的環境中，毛豆是不可能讓薩銳躁動起來的。

第二，第四境界的氣場操縱力並不能直接操縱對方，最多也只是影響對方。和第三境界不同的是。第三境界是透過能量運動來完成影響的，而第四境界則是透過氣場運動形成氣場操縱力來完成影響的。

第三，外部干擾太強烈的時候，第四境界的氣場操縱力很容易失去效果。氣場運動遠比能量運動複雜得多，受到外部能量或者他人能量的干擾更大，氣場操縱力會更加難以控制和施展。這一限制同樣證明了對達到第四境界的人來說，讓他人安靜下來會比讓他人躁動起來容易得多。

雖然第四境界有諸多限制，但相對於第三境界來說依舊是質的飛躍。在從第三境界通往第四境界的路上，或者在第四境界通往第五境界的路上，我們需要學會以下這些必備的能力：

第一種是瞭解和運用能量場的能力。無論是外界能量還是自身氣場，都是以能量場的形式存在的，而氣場操縱力所需要的正是這種能量場的運動。所以，如果你想要直接運用氣場操縱力，你就一定要瞭解能量場並且學會應用能量場。

第二種是穩定能量的能力。在能量場運動的過程中，能量場中的能量難免會發生一些變化，如果在運用能量場的過程中，我們不能穩定自身能量變化，就很難分清楚運用的是氣場操縱力還是氣場能量。而氣場能量和氣場操縱力的同時運用會讓我們自身氣場變得更加不穩定，很容易出現失控的局面。

達到第四境界，我們才能初窺氣場操縱力的真面目。要想讓自身的氣場操縱力更加得心應手，我們就需要繼續前進，達到更高深的境界。而從第四境界開始，氣場操縱力境界的提升依靠的是個人對於氣場能量瞭解的多少和掌控能力的強弱。

【毛豆筆記】

第四境界對於第三境界是一種質的飛躍，因為在達到第四境界之前，我們都只是依靠運用氣場中的能量來展現氣場操縱力的，而達到借用環境的氣場操縱時，我們並不再單一的運用某一種能量，而是運用整個氣場來操縱他人。

想要操縱整個氣場，我們就必須了解氣場中每種能量的相互作用及影響。

# 收放自如的氣場操縱

在邁克爾離開之前，毛豆一直都停留在第四境界，也就是剛剛擁有氣場操縱力，但還無法很好的運用的境界。毛豆之所以一直沒有脫離第四境界有很多原因，其中有兩個原因比較重要。第一個原因是毛豆的閱歷不夠。這裡所指的不是年齡，而是閱歷。雖然年齡影響著人的閱歷，但是閱歷與年齡並不能完全畫上等號，邁克爾就是一個典型的例子。毛豆的閱歷不夠主要表現在他沒有經歷什麼比較重要的事情，雖然他也經歷過一些風波，遇到過一些困難，但他始終沒有遇到可以重新鍛造自身氣場的機會。第二個原因是毛豆一直將自己的氣場限制住了。雖然經常與邁克爾在一起交流給了毛豆很多機會，但毛豆到邁克爾離開之前都沒有將自己的氣場完全打開。他的善良、他的退讓等很多因素讓他有了一個過於簡單的夢想：一份不錯的工作，一個與自己相親相愛的戀人，一群關係很好的朋友。他的夢想太過簡單，使他沒有讓自身氣場能量真正強大起來的渴望，他的氣場能量也就一直沒有達到最強，氣場操縱力也就相應的下降了。

這兩個方面的問題有一個相同的解決辦法：時間。隨著時間的流逝，毛豆的閱歷會不斷增加，也許他依舊無法遇到一個劇烈改變自身氣場能量的機會，但是平時的點點滴滴會讓他的氣場能量有所改進。而隨著毛豆氣場能量的不斷提升，接觸了越來越多的人，他的夢想也會不斷變化。隨著夢想的不斷增大，氣場能量也會不斷變強。

對於和毛豆處於同樣階段的人，邁克爾也只有一個建議——等待。

實際上在毛豆接觸的人中，就有一位因爲時間的不斷積累最終突破了第四境界到達第五境界的人。也許你已經想到了，就是李恩威曾經的那位主管。

第五境界的氣場操縱力是收放自如的氣場操縱，也就是可以將自己的氣場隨意擴大和縮小，並且在氣場的擴大和縮小中完成對他人的操縱。相對於第四境界來說，第五境界的氣場操縱對環境的要求低很多，而且可以施加給他人更多的操縱。比如，李恩威曾經的主管透過自身的氣場操縱力完成了對李恩威以及他人的安撫。

另外，雖然毛豆並沒有達到第五境界的氣場操縱，但邁克爾還是傳授給他一些第五境界氣場操縱的方法。比如，在遇到他人氣場非常強的時候，邁克爾告訴毛豆要收縮自身氣場，讓他人氣場能量盡情發揮。等到他人氣場無法覆蓋如此廣大的範圍時，毛豆再讓自身氣場迅速擴張，攻擊對方正在收縮的氣場，這樣就能夠讓自己取得一定的優勢。由於毛豆無法很好的操縱整個氣場，他只能用收縮氣場中的能量、擴張氣場中的能量來達到目的。在這個過程中，能量的運動對對方氣場的影響會比自身氣場的運動給對方氣場的影響弱很多。

第五境界的氣場操縱更注重氣場能量中「勢」的能量，透過「勢」的變化影響他人的氣場能量，讓他人在自身氣場操縱力這種強大的「勢」的作用下屈服。第五境界的局限也在於此，第五境界始終不能突破「勢」的影響，在有很多人的情況下，氣場操縱力的力量很難集中在某個人的身上。

【毛豆筆記】

收放自如的氣場操縱力很難被閱歷不夠以及氣場能量不強的人掌握，但我們在未達到這一境界時依舊可以學習這一境界的一些方法，其中的關鍵在於變氣場操縱為能量操縱。當我們無法讓整個氣場如我們想像的那樣收放自如時，我們可以讓能量收放自如來達到自己的目的。

收放自如的氣場操縱力是讓氣場能量自然流露的高級階段，擁有這種操縱力的人大多擁有非凡的風度。

# 隨心所欲的氣場操縱

由於在與邁克爾久別重逢之前，毛豆一直處於第四境界，他遇到的超越了第四境界的人也並不多，所以，關於第六境界的描述完全來自於邁克爾的講述。

相對於第五境界來說，第六境界的氣場操縱有了更多的提高。第五境界的氣場操縱注重「勢」的能量，第六境界的氣場操縱則更注重「氣」的運用。這種「氣」的運用實際上是將氣場操縱力的幾種能力如感召力、影響力、說服力等混合在一起，在一種比較均衡的狀態下實現自己的操縱。雖然第六境界的氣場操縱更注重「氣」的運用，但這種「氣」的運用實際上是將各種「勢」混合在一起之後，將自己的氣場操縱力作用於一個目標。

第六境界的氣場操縱雖然被毛豆稱爲隨心所欲的氣場操縱，但是毛豆依舊不能理解這種隨心所欲的氣場操縱究竟能夠達到什麼樣的程度，直到毛豆驚奇的發現了一件事情。

在邁克爾臨走之前，兩個人聊了很多，這其中包括邁克爾對氣場操縱力的研究和見解、邁克爾未來的計畫，也包括毛豆的幾個朋友的情況。聊天的過程中，毛豆忽然發現不僅自己有一些問題會請教邁克爾，樂樂、薩銳、于晉郭他們遇到問題的時候也會請教邁克爾。而令毛豆感到驚奇的事情是，無論是樂樂、薩銳，還是于晉郭，在與邁克爾交流的過程中，對於邁克爾的態度都要比對自己的態度好很多，而且邁克爾提出的建議、所做的實驗幾個人都會欣然接受。

毛豆想了半天，還是忍不住想知道邁克爾究竟用了什麼方法把這幾個人變成那樣的。

邁克爾說：「那我先問你一個問題，如果有一個陌生人同時遇到我和你，你覺得他會更相信誰？」

毛豆仔細的看了看邁克爾，又看了看自己，說：「我覺得即使知道我自己是對的，我也更可能相信你。」

邁克爾又問道：「那你覺得這是爲什麼呢？」

毛豆想了想，說：「因爲你的氣場更強大。」

邁克爾接著問道：「還有什麼原因呢？」

毛豆仔細想了想，發現找不出什麼原因，只好搖搖頭，說：「我想不出別的原因。」

邁克爾說：「其實，原因可以有很多，也可以只有一個。從具體的方面考慮，我穿的這身衣服比你的衣服更合身，我全身的服裝搭配比你的服裝搭配更好，我選擇的座位比你的座位更舒適，等等，但是這些原因都可以歸結爲一點，那就是氣場。」

邁克爾似乎興致很高，沒等毛豆答話，就繼續說：「以後，當你的氣場操縱力達到一定境界的時候，你就會發現自己可以隨心所欲的操縱別人，同時你也會發現自己需要做到的更多。氣場操縱力是氣場能量運動產生的，而氣場能量來自於我們自身。想要擁有隨心所欲的氣場操縱力，你就需要把每個細節都做到恰到好處，讓你的氣場能量處於和諧的運動中。這樣你就可以更好的透過氣場運動，將氣場操縱力的幾種能力混合在一起，成功應用氣場操縱力。」

聽完邁克爾的話，毛豆如夢方醒，但之後無論如何努力，他也不知道該如何讓自身的氣場像邁克爾的氣場能量那樣和諧。

的確，如果氣場可以達到近乎完美的和諧，那麼我們便可以擁有隨心所欲的氣場操縱力，但是這種隨心所欲不是單憑瞭解就可以達到的，還需要不斷的修煉和提升。因爲這種完美和諧的氣場既需要我們注重每個細節的完美，又要注重氣場能量的完美，還要讓二者達到完美的和諧，這沒有長時間的修煉是很難達到的。

【毛豆筆記】

隨心所欲的氣場操縱力注重氣場中不同能量的流動，並且注重操縱由不同能量運動產生的「氣」。運用「氣」去駕馭自身的氣場能量，注意氣場交流中的細節，他人氣場與自身氣場保持相同的運動，透過這種共振操縱他人。

**第六境界的修煉應該多進行冥想，感受自身氣場的能量流動。**

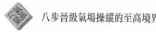

# 若有若無的氣場操縱

在瞭解了氣場操縱力以後，毛豆就想知道邁克爾的氣場操縱力究竟處於哪一個境界。在一次偶然的交流中，邁克爾說他認爲自己處於高級階段，也就是第七境界若有若無的氣場操縱。當毛豆詢問這種境界有什麼特點時，邁克爾是這樣回答的：

「處於氣場操縱高級階段的人，常常會讓他人和自己無法感受到自己的氣場操縱力，無論是按照他人的感覺還是自己的感覺，這種氣場操縱力都是若有若無的。如果說有氣場操縱力，卻又很難找出氣場操縱力影響他人的證據；如果說沒有氣場操縱力，他人又在不知不覺之間受到了影響。」

當毛豆想要瞭解更多的時候，邁克爾拒絕回答這個問題，他的理由是瞭解過多氣場操縱力深層次的現象對當前氣場操縱力的修煉不利。

在邁克爾走後，毛豆花了很長時間去瞭解第七境界若有若無的氣場操縱是如何達到的，但出乎毛豆意料的是，是古莉莉幫助他找到了最終的答案。

就像毛豆對古莉莉有偏見一樣，古莉莉對毛豆也有偏見，在團隊會議或者部門會議中，兩個人經常針鋒相對。一次，古莉莉實在受不了毛豆和自己的爭辯了，於是在下班以後，古莉莉決定到毛豆常去的邁克爾的工作室，找毛豆好好談談。可是，當晚毛豆並沒有直接去那裡，而是去找樂樂訴說一番，因為毛豆知道，邁克爾也很忙，不能老是跟邁克爾講自己的事情。古莉莉和邁克爾就這樣在沒有毛豆的情況下見面了。

古莉莉只是把邁克爾當成毛豆的室友，找不到毛豆，古莉莉就向邁克爾訴說了毛豆如何針對自己，如何否定自己的方案和建議，邁克爾就這樣一言不發的聽著。最後，在古莉莉要走之前，邁克爾帶她參觀了一下毛豆工作的地方，古莉莉仔細的看完後就改變了對毛豆的看法。

聽到這裡，毛豆問古莉莉：「你是怎麼改變對我的看法的？」

古莉莉說：「在桌子上有一份你的會議記錄，其中有很多關於我的建議的優點和可行性問題，我發現我的很多建議都不具備具體的操作性，於是明白你不是針對我個人。」

毛豆聽到這裡，忙問古莉莉：「你確定是從桌子上直接看到的嗎？」

古莉莉點了點頭，說：「就放在桌子上，我也不可能動你的東西。」

毛豆心裡還在想自己不可能把工作的東西直接放在桌子上，但聽到古莉莉說「我不可能動」的時候，毛豆就明白了很多事情。

不是古莉莉動的，那就有可能是邁克爾動的。邁克爾透過這種方式讓古莉莉發現毛豆的會議記錄，讓古莉莉以爲是自己發現了會議記錄，自己看到了毛豆對自己的評價，自己改變了對毛豆的看法，而這些實際上都在邁克爾的計畫之中。

若有若無的氣場操縱力就是先洞察他人的氣場能量，瞭解導致他人氣場能量發生變化的原因，然後用自身的氣場能量塑造一個合適的環境，給對方一個氣場能量變化的原因，讓對方以爲自身的氣場能量變化是由自己決定的，而實際上卻是在他人的引導下改變的。

毛豆不禁想到，自己過去很多以爲是自己做出的決策也可能都是在邁克爾的氣場操縱之下做出的，邁克爾可能還默默的幫助自己解決了很多問題。

【毛豆筆記】

若有若無的氣場操縱力並不是真的若有若無，而是在無形中用自己的能量直接去調節對方的氣場，對症下藥，用最少的能量操縱對方能量的變化。在他人的眼中，自己的氣場操縱力是若有若無的，而事實是自己在不斷的向對方氣場釋放促使其改變的能量。

第七境界需要我們不僅要了解氣場的共性，還要瞭解每個人的氣場個性。

# 大象無形的氣場操縱

第八境界大象無形的氣場操縱力比邁克爾掌握的氣場操縱力還要強大，甚至連邁克爾都無法想像第八境界的氣場操縱力有多強大，毛豆自然更加不能理解了。

然而，毛豆是一個喜歡思考和追根究底的人，他不斷的思考訓練，體驗自身的氣場，試圖去理解那種被邁克爾稱為「可能只有神才具備的」氣場操縱力。隨著時間的不斷推移，在距毛豆第一次遇見邁克爾的很多年後，毛豆終於可以理解大象無形的氣場操縱是一種怎樣的氣場操縱了。用最簡單的話來說，大象無形的氣場操縱超越了操縱本身。

操縱的目的是為了讓他人按照自己的想法行事，但第八境界則根本不是去操縱他人，不是去操縱任何事物，但依舊可以達到操縱的目的。也就是說，一個人想要的都是他所想得的，他所想得的都是他所要的，氣場操縱力已經與自身合而為一；也有可能是大象無形的氣場操縱力操縱了命運，讓命運按照自己想要的方向發展；又或者是大象無形的氣場操縱力只不過是讓氣場操縱力化爲無形；又或者……

毛豆提出了很多猜測，但最後他還是回到了原點，大象無形的氣場操縱是超越了操縱本身的操縱，至於這種操縱是如何實現的，毛豆並不知道。毛豆同樣不知道的是，這時的他離大象無形的氣場操縱越來越近了。隨著閱歷的增加和氣場能量的增強，毛豆已經突破了邁克爾當年所處的若有若無的氣場操縱，來到了一個既不屬於第七境界也不屬於第八境界的層次，然而他還在不斷的前進中。

邁克爾有一點說得沒錯，那就是毛豆的善良爲毛豆最終成爲氣場操縱高手提供了深厚的根基。毛豆的善良爲他帶來了善意的能量以及一群很好的朋友，也爲他贏得了愛情、他人的支持和財富，還讓他成功的擁有了非常強大的氣場操縱力。我們並不需要爲毛豆強大的氣場操縱力擔心，因爲毛豆的氣場操縱力是爲善而不是爲惡，是會增進友好、快樂的能量，可以讓他自己的生活和他人的生活更加和諧。

【毛豆筆記】

毛豆筆記的最後一篇是毛豆在邁克爾走之後寫的：

邁克爾，感謝這一段時間你對我的幫助，無論是在具體的氣場操縱方法上，還是氣場操縱力的指導上，你都是一個非常合格的導師。你幫助很多人瞭解了他們自身氣場的存在和能量的存在，也讓他們知道這些與生俱來的能量並不會讓我們直接獲得成功，我們需要訓練自己，學會使用這些能量，操縱自身與他人的能量，讓自己真的離成功越來越近。

其實，無論怎樣，你改變了我們的生活，讓我們瞭解到無論快樂還是憂傷，我們的氣場都會與自己相伴，並受到自身的影響。你還告訴我們應善待自身的氣場，鍛煉自身的氣場，讓自己成為擁有強大氣場的人。你不僅教會我們這些，還教我們應該善良地對待這個世界，抱有善意的對待他人。

我們相信這一切會被越來越多的人認識到。氣場能量以及氣場操縱力將會幫助更多的人，讓他們可以更關注自身，更關注朋友，讓他們更加幸福。

重要的是你告訴了我們，我們值得擁有這一切。

再見，親愛的朋友邁克爾。

改變是需要時間的，但改變一定會到來。

# 讀品文化 Spirit Surprise 讀者回函卡

謝謝您購買這本書。
為加強對讀者的服務，請您詳細填寫本卡，寄回**讀品文化**，並將務必留下您的E-mail帳號，我們會主動將最近「好康」的促銷活動告訴您，保證值回票價。

書　　名：其實好運都來自於你的氣場力量
購買書店：＿＿＿＿市／縣＿＿＿＿＿書店
姓　　名：＿＿＿＿＿＿＿＿
身分證字號：＿＿＿＿＿＿
電　　話：(私)＿＿＿＿ (公)＿＿＿＿ (傳真)＿＿＿＿
**E-mail**　：＿＿＿＿＿＿＿＿＿＿＿＿
地　　址：□□□＿＿＿＿＿＿＿＿＿＿
年　　齡：□20歲以下　□21歲～30歲　□31歲～40歲　□41歲～50歲　□51歲以上
性　　別：□男　□女　婚姻：□已婚　□單身
生　　日：＿＿＿年＿＿月＿＿日
職　　業：□學生　□大眾傳播　□自由業　□資訊業　□金融業　□銷售業　□服務業　□教　□軍警　□製造業　□公　□其他
教育程度：□國中以下（含國中）　□高中以下　□大專　□研究所以上
職 位 別：□在學中　□負責人　□高階主管　□中級主管　□一般職員□專業人員
職 務 別：□學生　□管理　□行銷　□創意　□人事、行政　□財務、法務　□生產　□工程

您從何得知本書消息？
□逛書店　□報紙廣告　□親友介紹
□出版書訊　□廣告信函　□廣播節目
□電視節目　□銷售人員推薦
□其他

您通常以何種方式購書？
□逛書店　□劃撥郵購　□電話訂購　□傳真訂購
□團體訂購　□信用卡　□DM　□其他

看完本書後，您喜歡本書的理由？
□內容符合期待　□文筆流暢　□具實用性　□插圖
□版面、字體安排適當　□內容充實
□其他

看完本書後，您不喜歡本書的理由？
□內容不符合期待　□文筆欠佳　□內容平平
□版面、圖片、字體不適合閱讀　□觀念保守
□其他＿＿＿＿＿＿＿＿＿＿

您的建議
＿＿＿＿＿＿＿＿＿＿＿＿＿＿＿＿
＿＿＿＿＿＿＿＿＿＿＿＿＿＿＿＿

剪下後請寄回「22103新北市汐止區大同路三段194號9樓之1讀品文化收」

請用膠帶黏貼

廣告回信
基隆郵局登記證
基隆廣字第55號

221-03

新北市汐止區大同路三段194號9樓之1

# 讀品文化事業有限公司

**編輯部　收**

請沿此虛線對折免貼郵票，以膠帶黏貼後寄回，謝謝！

讀品文化
Spirit Surprise

為你開啟知識之殿堂